UNIVERSITÉ DE PARIS. — FACULTÉ DE DROIT

LA
NAVIGATION INTERNATIONALE
DU CONGO ET DU NIGER

THÈSE POUR LE DOCTORAT

Présentée et soutenue le Lundi 20 Novembre 1899, à 2 heures 1/2

PAR

Georges PILLIAS

DIPLÔMÉ DE L'ÉCOLE DES SCIENCES POLITIQUES
AVOCAT A LA COUR D'APPEL

Président : M. RENAULT.
Suffragants : { MM. LESEUR, PILLET, } *professeurs.*

PARIS

LIBRAIRIE NOUVELLE DE DROIT & DE JURISPRUDENCE

ARTHUR ROUSSEAU, ÉDITEUR

14, RUE SOUFFLOT, ET RUE TOULLIER, 13

1900

THÈSE

POUR LE DOCTORAT

LA
NAVIGATION INTERNATIONALE
DU CONGO ET DU NIGER

THÈSE POUR LE DOCTORAT

L'acte public sur les Matières ci-après sera soutenu le
Lundi **20 Novembre 1899**, à 2 heures 1/2

PAR

Georges PILLIAS

DIPLOMÉ DE L'ÉCOLE DES SCIENCES POLITIQUES
AVOCAT A LA COUR D'APPEL

Président : M. RENAULT.

Suffragants : { MM. LESEUR, PILLET, } *professeurs.*

PARIS

LIBRAIRIE NOUVELLE DE DROIT & DE JURISPRUDENCE

ARTHUR ROUSSEAU, ÉDITEUR

14, RUE SOUFFLOT, ET RUE TOULLIER, 13

1900

AVANT-PROPOS

Lorsque l'on jette les yeux sur une carte d'Afrique datant à peine d'un demi-siècle, on est frappé d'y voir de vastes espaces blancs : aucune montagne, aucun fleuve, aucune localité ne sont indiqués : seul le mot « régions inexplorées » s'étale sur ces immenses étendues.

Depuis, les explorations se sont succédé sur le continent noir et mystérieux ; la géographie a fait des progrès, les montagnes, les cours d'eau ont été relevés, les bourgades notées ; et là où des peuplades sauvages vivaient à l'état de nature, la politique européenne a institué des Etats, des colonies, des protectorats. Il n'y a pas aujourd'hui un pouce de terre africaine qui n'ait trouvé un maître, et les territoires sur lesquels on n'a pu encore établir une domination effective, ont été englobés dans une « zone d'influence », ou incorporés dans un « hinterland ».

D'où vient cette rapide transformation ?

Cela vient de ce que des voies de pénétration ont été découvertes, grâce auxquelles, les hauts plateaux bordant le littoral de l'Afrique une fois franchis, on a pu s'enfoncer facilement à l'intérieur. Le Nil, le

Zambèze, le Congo, le Niger ont été des routes toutes tracées ouvertes à la civilisation.

Mais il arriva ce qui se produit toujours en pareil cas : quelques Puissances ont voulu confisquer à leur seul profit ces précieux auxiliaires; elles ont voulu se réserver à elles seules la navigation fluviale. Les autres Etats s'émurent, prétendant eux aussi user des moyens de communication naturels. De là, naquit l'idée d'une Conférence destinée à internationaliser certains de ces fleuves : le Congo, le Niger, et à permettre l'accès de leurs eaux à tous les pavillons.

C'est l'étude des efforts faits en ce sens et de leurs résultats que nous nous proposons de faire ici en traitant du régime des fleuves internationaux africains : *le Congo et le Niger*.

Mais avant d'aborder ce sujet, il est nécessaire d'avoir quelques notions succinctes sur le droit fluvial conventionnel, de connaître les règles qui, en cette matière, sont entrées dans le domaine du droit des gens. Ce sera l'objet de notre introduction.

INTRODUCTION

LE DROIT FLUVIAL CONVENTIONNEL.

On peut distinguer trois époques dans l'histoire du droit fluvial conventionnel : l'empire romain, le Moyen-Age, les temps modernes.

Pendant la période romaine, les fleuves, même ceux ne traversant pas plusieurs États, étaient ouverts à tous (1) ; ils étaient regardés comme choses publiques, parce que nul n'a le moyen de les enchaîner, et parce que la servitude est incompatible avec leur constante mobilité (2). En conséquence, tout navire quelque fût son propriétaire, citoyen ou non citoyen, était libre d'y circuler.

Avec le régime féodal, apparurent des idées restric-

Bibliographie : Caratheodory, *das Stromgebietsrecht und die internationale Flusschiffahrt,* dans *Holzendorff,* t. II ; — Catellani, *La navigation fluviale ;* — Engelhardt, *Du régime conventionnel des fleuves internationaux Histoire du droit fluvial conventionnel ;* — Geffcken, *La question du Danube ;* — Livre jaune, Affaires du Congo et de l'Afrique centrale,* 1885 ; — Orban, *Étude de droit fluvial international ;* — Poinsard, *Études de droit conventionnel ;* — Renault, *Cours, École des Sciences politiques,* 1898 ; — de Saint-Clair, *Le Danube ;* — Vernesco, *Les fleuves en droit international ;* — Weyl, *Le Congo devant l'Europe.*

(1) *Institutes,* liv. II, t. 1, § 3 ; — Engelhardt, *Histoire du droit fluvial conventionnel.*

(2) Code théodosien, 14, 27, 2 : - Digeste, 43, t. XII, et XIII.

tives. La propriété de la terre entraînait celle des eaux qui la traversaient, et le droit d'y réglementer la navigation. Grotius voit avec amertume cet état de choses ; il aurait voulu, lui, une liberté pleine et entière, et que chacun pût faire du cours d'eau un « usage innocent ». Vattel constate également le fait et le déplore : « Tel seigneur, dit-il, qui aura une langue de terre aboutissante à un fleuve, y établit un péage quoiqu'il ne dépense pas un denier à l'entretien du fleuve, et à la commodité de la navigation (1) ». Pour ce seigneur, son droit de souveraineté se résolvait ainsi, en la perception d'impôts mis sur la navigation. De là, tous ces droits d'étape, d'échelle, de rompre-charge, de relâche forcée, qui divisaient le cours d'eau en autant de tronçons qu'il avait de possesseurs et qui entravaient le commerce. La rédaction de l'article 14 du Traité de Munster (30 janvier 1648), est bien empreinte de l'esprit étroit de cette époque : il ferme l'Escaut au préjudice d'Anvers et des colonies espagnoles ; il fut confirmé par les traités d'Utrecht (1714) et de Fontainebleau.

Il faut arriver à la Révolution française, c'est-à-dire à la période contemporaine, pour trouver des traces d'idées moins restrictives dans le droit fluvial conventionnel. C'est, en effet, en 1792 seulement (2) qu'un arrêté du Comité exécutif provisoire du 16 novembre, renversa

(1) VATTEL, *Le droit des gens*, liv. I, ch. IX, § 104.
(2) ENGELHARDT, *Régime conventionnel des fleuves internationaux*, p. 23.

les barrières de l'Escaut et de la Meuse comme
« directement contraires aux principes du droit naturel
et comme un reste des servitudes féodales ». Mais
l'arrêté n'ouvrait l'Escaut qu'aux riverains, gardant le
silence pour les non riverains.

Le Traité de La Haye, du 16 mai 1795, stipule que
la navigation du Rhin, Meuse, Escaut, Houdt et de
leurs branches, jusqu'à la mer, serait libre aux deux
nations française et batave. Aux Congrès de Ras-
tadt (1798), de Ratisbonne (1802), on agita encore la
question de la libre navigation du Rhin, qui fut régle-
mentée par la Convention de Paris de 1804.

Le 30 mai 1814, les plénipotentiaires, réunis à Paris,
adoptèrent le principe de la libre navigation sur le
Rhin, pour les sujets de tous les Etats, même non
riverains. « La navigation sur le Rhin sera libre du
point où il est navigable jusqu'à la mer, et récipro-
quement, de telle sorte qu'elle ne puisse être interdite
à personne, et on s'occupera, dans un futur Congrès,
des principes d'après lesquels on pourra régler les
droits à lever par les Etats riverains de la manière la
plus égale et la plus favorable au commerce de toutes
les nations » (art. 5).

L'année suivante, au Congrès de Vienne, on s'occupa de tous les fleuves internationaux, et l'on posa
des principes généraux dans les articles 108 et 109 de
l'Acte final du Traité. La navigation sur les rivières
séparant ou traversant plusieurs Etats, devait être

entièrement libre et ne pouvait, sous le rapport du commerce, être interdite à personne. Cette restriction « sous le rapport du commerce », suggérée par M. de Humboldt, et passée d'abord inaperçue, gâta ce beau principe de liberté. « Libre sous le rapport du commerce », dirent les riverains, ne veut pas dire : libre sous le rapport de la navigation. Ils exigèrent alors des bateliers une foule de conditions pour pouvoir naviguer : il fallait être muni d'une patente, être domicilié dans le pays.... Les difficultés soulevées à ce propos furent réglées définitivement par la Convention de Mayence du 31 mars 1831.

Jusqu'en 1856, le Danube, le plus long des fleuves européens (1), ne profita en aucune façon des dispositions du Traité de Vienne, car la Turquie, maîtresse à cette époque d'une grande partie de son cours, n'avait pas encore été admise à participer aux grands Congrès européens.

A la suite de la guerre de Crimée, on s'occupa de régler les questions pendantes en Orient ; parmi celles-ci, se trouvait la question du Danube. Des règles nombreuses relatives à la navigation de ce fleuve furent posées.

Il est nécessaire de nous arrêter un instant à leur étude, car nous les retrouverons discutées dans les Conférences relatives au Congo et au Niger.

---

(1) Il mesure 2,800 kilomètres ; le Rhin seulement 1,320 kilomètres.

L'article 15 du Traité du 30 mars 1856 dispose :
« L'acte du Congrès de Vienne ayant établi les principes destinés à régler la navigation des fleuves qui séparent ou traversent plusieurs Etats, les Puissances contractantes stipulent entre elles qu'à l'avenir, ces principes seront également appliqués au Danube et à ses embouchures ».

Le traité, après avoir établi la liberté de navigation du Danube, régla les conditions dans lesquelles elle s'exercerait; il institua, art. 16 et 17, deux Commissions.

1º Une Commission dite riveraine, permanente, pour élaborer les règlements de navigation, tâche dont celle-ci s'acquitta mal en rédigeant le Règlement de 1857 dicté par l'Autriche, qui fut repoussé par les Puissances.

2º Une Commission européenne d'une durée de deux ans, pour faire des travaux aux embouchures. Cette Commission, afin de couvrir ses frais, fut autorisée à percevoir des taxes fixes payables également par tous les pavillons. Ces travaux exigèrent de nombreuses années et la Commission européenne vit prolonger ses pouvoirs jusqu'en 1904. Elle rédigea l'Acte public du 2 novembre 1865 qui règle les conditions de la navigation du Bas-Danube.

Nous verrons que la Commission internationale du Congo fut créée sur le modèle de la Commission européenne du Danube.

Deux traités postérieurs complétèrent celui de Paris : le Traité de Londres de 1871, qui, après avoir aboli la neutralisation de la mer Noire, maintint celle des ouvrages et établissements de la Commission européenne ; et le Traité de Berlin de 1878 qui conféra à l'Autriche, le mandat de faire disparaître les obstacles des Portes de Fer gênant la navigation. Ainsi, un Etat se chargeait d'exécuter seul des travaux dans le bien de tous ; nous verrons que l'Etat indépendant du Congo joua un rôle identique, en créant le chemin de fer de Matadi destiné à tourner les chutes du littoral.

Telle est brièvement l'histoire du droit fluvial conventionnel antérieure à l'Acte de Berlin de 1885. On peut résumer en quelques mots les règles admises : lorsqu'un fleuve traverse plusieurs Etats, la navigation sur ses eaux est ouverte à tous, riverains et non-riverains ; ces derniers sont assimilés aux sujets même des pays riverains. Cependant, en ce qui concerne le petit cabotage ou cabotage fluvial, il leur est généralement interdit. Enfin les règlements applicables à la navigation internationale du fleuve doivent être arrêtés par une Commission riveraine.

Ces mêmes règles furent appliquées telles quelles, ou après avoir subi des modifications au Congo et au Niger.

C'est le régime de ces deux fleuves que nous allons maintenant étudier.

PLAN

Nous diviserons ce travail en trois grandes parties.

Nous examinerons d'abord quelles furent les circonstances qui précédèrent et amenèrent la réunion de la Conférence de Berlin de 1885.

Nous étudierons ensuite les règles relatives à la navigation internationale du Congo et du Niger établies à Berlin.

Enfin, nous verrons quelles applications reçurent ces règles, en étudiant l'état actuel de la navigation internationale de ces deux grands fleuves africains.

Ainsi, trois parties :

Première partie. — *Circonstances qui précédèrent et amenèrent la réunion de la conférence de Berlin de 1885.*

Deuxième partie. — *Règles posées pour la navigation du Congo et du Niger.*

Troisième partie. — *Application de ces règles et état actuel de la navigation du Congo et du Niger.*

PREMIÈRE PARTIE

CIRCONSTANCES QUI AMENÈRENT LA RÉUNION DE LA CONFÉRENCE DE BERLIN DE 1885.

Pour bien comprendre le but poursuivi par les puissances, la France et l'Allemagne, qui provoquèrent cette réunion des plénipotentiaires européens et américains à Berlin, il est absolument indispensable de remonter assez loin (plusieurs siècles) en arrière. On s'expliquera ainsi les compétitions, les rivalités, animant les États qui avaient des intérêts à défendre sur le continent noir, et on se rendra un compte exact des motifs qui leur inspirèrent leur ligne de conduite.

Plan. -- Chapitre Ier. — Au xvᵉ siècle, découverte des côtes occidentales de l'Afrique et du Congo par les Portugais. Différents traités signés.

Chapitre II. — Les nations européennes en Afrique. Établissement de la France et de l'Angleterre sur le Niger ; de la Belgique et de la France sur le Congo. Traité anglo-portugais de 1884 ; protestations de la France et de l'Allemagne.

Chapitre III. — Conférence de Berlin de 1885.

CHAPITRE PREMIER

DÉCOUVERTE DES CÔTES OCCIDENTALES DE L'AFRIQUE ET DU CONGO PAR LES PORTUGAIS. DIFFÉRENTS TRAITÉS SIGNÉS.

Lorsque de nos jours, on vint à mettre en doute les droits des Portugais sur la côte occidentale de l'Afrique équatoriale, ceux-ci répondirent alors en revendiquant comme leur entière propriété, les rives du Congo et de ses affluents, et les territoires situés au nord du fleuve jusqu'au 5°12'. Leurs droits, disaient-ils, remontaient au xve siècle, et étaient fondées sur :

1° La priorité de découverte ;

2° La possession prolongée ;

3e Leur reconnaisance par des traités.

Les Portugais disaient vrai, et chacune de ces affirmations était exacte, comme nous allons le voir.

1° *La propriété de découverte.*

Toutes les côtes occidentales de l'Afrique situées près de l'Equateur, furent découvertes au xve siècle

Bibliographie : ANGEBERG, *Congrès* ; — DE CASTRO, *Recueil des traités du Portugal* ; — DE MARTENS, *Recueil de traités ;* — WAUTERS, *L'État indépendant du Congo.*

par les Portugais ; elles formèrent le royaume de Guinée : Guinée septentrionale au nord de l'Equateur, et Guinée méridionale au sud.

Les bouches du Niger, ou Djoliba, ou encore Kouarra, furent reconnues dès 1472 par des navigateurs portugais, mais on ne pensait pas alors qu'elles servaient de débouchés à un grand fleuve. Comme elles sont très nombreuses, elles attirèrent peu l'attention des marins ; on prit chacune d'elles pour l'estuaire d'un petit cours d'eau, et le rivage étant bas, marécageux, insalubre et peu fertile, on ne s'y arrêta guère.

Il n'en fut pas de même pour l'estuaire du Congo.

En 1484, huit ans avant la découverte de l'Amérique par Christophe Colomb (1), un hardi navigateur Diego Cam, à la recherche, lui aussi, d'une route maritime vers les Indes, suivait les côtes de l'Afrique équatoriale. Le 14 avril, il découvrit une immense baie dans laquelle il s'arrêta. Il pensa que ce devait être l'embouchure d'un grand fleuve, au débit considérable, car les notices rapportent que, jusqu'à plusieurs lieues en mer, l'eau, à la surface, était encore douce (2). Ce fleuve était le Congo, ou plutôt le Zaïre, comme on l'appelait alors.

Cette découverte lui parut importante ; aussi, afin

____

(1) *Premier voyage de Cristophe Colomb aux Antilles, 1492-1493*; *Découverte du Cap de Bonne-Espérance*, par Barthélemy Diaz, 1487, et de la *route des Indes par le sud de l'Afrique*, par Vasco de Gama, 1498.

(2) *Aqua dolze lingues lige a la mer* (DE SELIGO, 1489) ; — WAUTERS, *l'État indépendant du Congo*, p. 2.

d'en perpétuer la mémoire, éleva-t-il trois monuments ou padrons, l'un à la Ponta do Padrâo, au Sud de l'embouchure du fleuve (1), l'autre au cap Santa-Maria (2) et le dernier au cap Négro (3).

2° *La possession prolongée.*

En même temps, Diégo Cam prit possession de toute la région voisine, au nom du roi de Portugal, ainsi que cela avait lieu à cette époque, chaque fois que des marins débarquaient sur des rivages inconnus. Les terres qui revenaient ainsi au Portugal, formaient la Guinée méridionale et correspondaient à sa colonie actuelle d'Angola. Ses rois ne cessèrent de revendiquer ces territoires comme leur appartenant ; ils ajoutaient à leur titre de roi de Portugal et des Algarves..., etc., celui de seigneur de Guinée (4).

Les autres monarques d'Europe ne songèrent guère alors à leur disputer ce titre, occupés qu'ils étaient sur le continent par leurs luttes incessantes ; peu importait aux rois de France, d'Angleterre ou d'Espagne, la possession de ces pays lointains et sauvages. D'ailleurs aucun Etat n'était capable de rivaliser avec la puis-

---

(1) Les débris de ce padron du xv⁰ siècle ont été retrouvés de nos jours par le voyageur suédois von Schwérin, en 1886.

(2) 13° 27' 15" latitude sud.

(3) 15° 4' 30" latitude sud.

(4) Le titre de Majesté Très Fidèle fut accordé seulement le 23 décembre 1748, *motu proprio*, par le pape Benoît XIV à Jean V.

sance maritime des Portugais ; ils étaient à cette époque, avec Venise, les principaux navigateurs du monde.

Les papes, d'autre part, leur avaient confirmé la possession des découvertes faites par leurs marins. Martin V avait accordé aux Portugais tous les pays du cap Noun (1), jusqu'aux Indes. Nicolas V leur avait concédé (1452 et 6 janvier 1454), la souveraineté de la côte de Guinée, concession confirmée par Sixte IV (2). Alexandre VI leur octroya par une bulle du 14 mai 1493, les côtes de l'Afrique et des Indes orientales (3).

Le Portugal sut profiter de cette indifférence et de cette bienveillance de l'Europe à son égard. Ses rois multiplient les expéditions. En 1491, des colons, des ouvriers sont débarqués sur la côte d'Angola ; ils s'établissent sur les rives du fleuve Zaïre.

Au XVIe siècle, de nombreux voyages d'exploration ont lieu, des comptoirs portugais se fondent ; et comme il faut se défendre souvent contre les incursions des nègres, et contre les actes d'hostilité toujours possibles de la part des Européens, des forteresses sont élevées, permettant au cas échéant, d'assurer par la force la souveraineté du Portugal.

En 1537, Manoel Pacheco découvre que l'on peut naviguer sur le Congo, au-dessus des cataractes ; mais il s'avance peu dans son voyage à l'intérieur.

(1) Sur la côte d'Afrique, en face les îles Canaries.
(2) BONFILS, *Manuel de droit international*, p. 274.
(3) DE CASTRO, *Traités du Portugal*, p. 274 ; — CALVO, I, 1.

Au XVIIIᵉ siècle, la domination portugaise semblait solidement établie. En 1783 des forteresses s'élevaient à Cabinda, Malemba et sur les bords du Zaïre. Ainsi, ce fleuve appartenait donc bien au Portugal par la découverte, et par une possession prolongée et ininterrompue, confirmée même par des bulles papales. Mais d'autres titres s'ajoutaient encore à ceux-ci ; des traités avaient été signés avec d'autres puissances.

3° *Les Traités*.

Il y en a trois principaux :

a). Celui du 10 février 1763 entre la France, l'Angleterre et le Portugal ;

b). Celui du 30 janvier 1786 entre la France et le Portugal ;

c). Celui du 22 janvier 1815.

a). Le premier traité affirmant la souveraineté du Portugal sur les côtes occidentales d'Afrique, est celui du 10 février 1763. Il contient l'accession de cet Etat au traité de Paris du même jour, entre l'Espagne, la France et la Grande-Bretagne (1). Ce traité mettait fin à la guerre de Sept ans et nous enlevait notre premier empire colonial. Le Portugal obtenait, au contraire, la confirmation de ses colonies africaines. L'article XXI contient, en effet, cette disposition :

____

(1) MARTENS, I, 127 ; DE CASTRO, III, 160.

« Et à l'égard des colonies portugaises en Afrique...,
s'il y était arrivé quelque changement, toutes choses
seront remises sur le même pied où elles étaient, et
en conformité des traités précédents ».

b). Le Traité du 30 janvier 1786 (1) est plus explicite encore ; il fut signé à la suite d'une Déclaration
réglant l'arrangement de l'affaire de Cabinde (2), dans
laquelle on fixait aussi les limites du commerce libre.

La France ayant demandé la liberté commerciale
sur la côte d'Angola, les Portugais protestèrent et
dirent que « le commerce ne pourra être ouvert pour
toutes les nations (on visait ainsi, outre la France,
l'Angleterre et la Hollande) au delà du fleuve Zayre
et du cap appelé Padron ». Le plénipotentiaire français, le duc de Vauguyon, acquiesça et « déclara que
le roi, son maître, dont le système est fondé sur les
principes les plus inviolables de justice et de modération, ne s'arroge pas le droit de contester, ni de
reconnaître les titres qu'expose la cour de Portugal à
la propriété, souveraineté et commerce sur sa côte
d'Angola, depuis le cap Padron, vers le Sud, exclusivement aux autres nations ».

c). En 1815, à Vienne, l'Angleterre et le Portugal
signèrent un traité, le 22 janvier (3), abolissant la traite
des noirs au nord de l'Equateur, et la permettant au

(1) MARTENS, IV, p. 101 ; — DE CASTRO, III, 410 ; — KOCH, II, 492.

(2) Fort situé sur la côte d'Angola.

(3) MARTENS, *Nouveau recueil*, II, 96 ; — DE CASTRO, V, 18 ; — ANGEBERG,
Congrès, 670 ; — CALVO, 328 ; — HERSTLET, II, 72.

contraire au sud (art. 1). Les articles 2 et 4 défendent « d'inquiéter les vaisseaux portugais ressortissant des possessions actuelles de la couronne de Portugal ou des territoires réclamés par le dit traité d'alliance, comme appartenant à la dite couronne de Portugal au sud de la Ligne (1) ».

Ainsi, ce traité est plus complet que le précédent (1786), car il reconnaît, du moins implicitement, la souveraineté du Portugal, non plus sur le Congo seul, mais sur la région et les côtes qui se trouvent au nord jusqu'à l'Equateur, en déclarant que les vaisseaux portugais ne pourront y être inquiétés.

Pendant de nombreuses années, cette situation privilégiée du Portugal subsista. Il faut arriver au grand mouvement d'expansion coloniale qui caractérise la fin de notre siècle, pour voir contester les droits de ce pays sur la côte occidentale d'Afrique, et particulièrement sur les territoires traversés par le Congo.

---

(1) ... *ao sul da Linha, ou séja nos actuaes Dominios da Corôa de Portugal, ou nos Territorios sobre os quaes a mesma Corôd reservon on Seu Direito no mencionado Tratado de Alliança (Nouveau supplément, II, 255).*

CHAPITRE II

LES NATIONS EUROPÉENNES EN AFRIQUE

Division. — § I. Établissement de la France et de l'Angleterre sur le Niger.

§ II. Établissement de la France et de la Belgique sur le Congo.

§ III. L'Europe conteste les droits exclusifs du Portugal sur ce fleuve.

§ IV. Traité anglo-portugais.

§ V. Protestations de la France et de l'Allemagne.

§ Iᵉʳ. — Établissement de la France et de l'Angleterre sur le Niger.

Le Niger, nous l'avons vu, n'avait pas retenu les premiers navigateurs qui découvrirent ses embouchures au xvᵉ siècle ; longtemps cette région resta ignorée. Au milieu de notre siècle, on découvrit que si l'on avançait un peu dans les terres, on trou-

Bibliographie : *Annuaire de l'Institut de droit international*, 1879, 1880 ; — *Archives diplomatiques*, 1884 ; — ARNSTZ, *Le Gouvernement Portugais et l'Institut de droit international* ; — CAMEROUN, *A travers l'Afrique* ; — ENGELHARDT, *Rapport annexé au Livre jaune, Affaires du Congo*, 1885 ; — FAUCHILLE, *L'Annexion du Congo à la Belgique* (*Rev. de droit internat. public*, 1895) ; — LAVELEYE, *Rev. de droit internat.*, 1883 ; — LIVINGSTONE, — *Dernier journal* ; *Livre jaune, Affaires du Congo*, 1884 et 1885, 2 vol. ; — DE MARTENS, *La Conférence du Congo à Berlin et la Politique coloniale des États modernes* (*Rev. de droit internat.*, 1886) ; — Sir TRAWERS TWIS (*Rev. de droit internat.*, 1883, nᵒ 5).

vait une contrée fertile, traversée par un immense fleuve (1) en grande partie navigable.

La France et l'Angleterre qui prirent la tête du mouvement colonial moderne, résolurent alors de s'y établir.

La voie leur avait été préparée par de courageux explorateurs qui furent trop souvent victimes de leur hardiesse, sur cette terre inhospitalière d'Afrique.

Ce fut d'abord Mungo Park, qui de 1795 à 1806, découvrit la partie supérieure du grand fleuve et le Soudan oriental. En 1830, John et Richard Clapperton, accompagnés des frères Lander, visitèrent le Bas-Niger ou Kouarra, et en reconnurent les embouchures dans le golfe de Bénin. Caillé, Barth (1852), Mage (1867) visitèrent le cours moyen. Zweifel, en 1879, découvrit les sources mêmes du fleuve.

Notre colonie du Sénégal commençait à ce moment, à prendre une grande extension, après la sage administration de Faidherbe (1854-1865), et de Brière de l'Isle (1876-1881). Nous marchions vers le Haut-Niger.

Les Anglais résolurent de nous devancer et de nous couper la route de la mer : pendant que nous prenions les sources du Niger, eux s'emparaient des embouchures ; ils commandaient ainsi le fleuve. Dans ce but, plusieurs maisons anglaises fondèrent, après 1870, une trentaine de comptoirs sur le Bas-Niger ; en 1879 une

____

(1) Le Niger mesure 3,500 kilomètres.

association, grâce à l'impulsion de sir George Taubman Goldie, le futur président de la Compagnie, les réunit sous le nom de United African Company, au capital de un million de livres sterling.

En même temps, se formaient les sociétés françaises de l'Afrique équatoriale et du Sénégal ; celles-ci établissaient aussi de nombreuses stations sur le Niger et son affluent de gauche, le Bénoué. Mais vaincues par la concurrence étrangère et n'étant pas soutenues par le Gouvernement français, elles cédèrent aux Anglais leurs postes (1). C'est pourquoi, en 1884, le plénipotentiaire anglais put déclarer à la Conférence de Berlin, sans être contredit par personne que tout le commerce de la région du Niger, se trouvait entre les mains de ses compatriotes.

Voici donc les Français et les Anglais installés en Afrique, au Nord de l'Equateur, sur un territoire qui avant leur établissement pouvait être regardé comme « res nullius ». Ils voulurent s'étendre également au Sud ; mais là, nous l'avons vu, se trouvaient les Portugais, qui malgré la décadence de leur puissance maritime, étaient encore solidement fixés dans le bassin du Congo et sur la côte d'Angola. Il revenait seulement aux Français et aux Belges de les faire reculer.

(1) La Compagnie anglaise désormais sans rivale se fit octroyer plus tard en 1886, une charte royale, et devint la Royale Niger Company ; le gouvernement de la Reine prit sous son protectorat les territoires dont elle s'arrogeait la possession.

§ II. – Établissement de la France et de la Belgique sur le Congo.

Nous sommes vers l'année 1883 ; la région du Congo commence à être connue grâce à Livingstone, à Cameroun, et surtout à Stanley et à Brazza.

Livingstone, de 1866 à 1873, visita les lacs Moëro et Bangouélo ; il reconnut qu'ils communiquaient entre eux par le Louapoula et donnaient naissance à un grand fleuve qui remontait vers le Nord et recevait les eaux du lac Tanganika. Mais l'illustre voyageur se trompait lorsqu'il croyait que ces immenses réservoirs d'eau de l'Afrique équatoriale allaient se déverser dans le Nil (1).

Cameroun, lieutenant de la marine britannique, explora le lac Tanganyka (1873-1875), en fit le tour et découvrit à l'Ouest, la rivière Loukouga qui lui sert de déversoir ; il arriva ensuite au Loualaba qu'il ne put descendre (2).

Il appartenait à l'Américain Stanley de faire le relevé exact du mystérieux Congo en le descendant (1874-1877) du lac Tanganyka à Cabinda, port situé sur l'Océan Atlantique. Il franchit avec peine les Stanley-Falls situés à l'endroit où le fleuve traverse l'Équateur, suivit l'immense boucle qu'il décrit alors,

(1) LIVINGSTONE, *Dernier journal.*
(2) CAMEROUN, *A travers l'Afrique.*

retraversa l'Équateur en se dirigeant vers le Sud, et arriva sur les côtes de l'Océan, à l'embouchure du grand fleuve dont il venait de suivre le cours en entier, et auquel il donna le nom de Livingstone (1).

M. de Brazza (1875-1878) partit avant le retour de Stanley, ignorant par conséquent le cours véritable du Congo. Il remonta alors le cours de l'Ogoué, affluent de droite, dans un premier voyage.

En septembre 1876, le roi des Belges, Léopold II, convia à Bruxelles les hommes les plus compétents par leurs travaux ou leurs voyages en Afrique, à une Conférence qui comprit les délégués de la Belgique, de l'Autriche-Hongrie, de l'Allemagne, de l'Angleterre, de l'Italie et de la Russie (2). On convint de créer une Société, sous le nom d'Association internationale africaine, sous le patronage de Léopold II.

Cette Société avait pour but :

1° L'exploration scientifique des régions inconnues de l'Afrique centrale ;

2° La découverte de l'Afrique centrale pour y répandre la civilisation et le commerce européen ;

3° L'abolition de la traite des nègres.

De ces trois points, le deuxième nous intéresse plus particulièrement ; c'est celui que nous retiendrons, et

(1) Ce nom, ainsi que celui de Zaïre, ne lui est pas resté.

(2) FAUCHILLE, *l'Annexion du Congo à la Belgique* (*Rev. de droit internat. public*, 1895, n° 4, p. 400) ; — DE MARTENS, *La conférence du Congo à Berlin et la politique coloniale des États modernes* (*Rev. de droit internat.*, 1886, n° 2, p. 141).

nous verrons quel rôle immense joua le fleuve du Congo, cette grande artère qui facilita la marche de la colonisation jusqu'au cœur du continent noir.

L'Association internationale africaine avait son administration centrale à Bruxelles et des comités locaux dans les différents Etats de l'Europe pour recueillir les fonds nécessaires à son entreprise. Le comité de Bruxelles, le plus important, prit le nom de « Comité d'études du Haut-Congo » (1). Le roi Léopold se fit remarquer par son inépuisable libéralité, versant à la caisse du Comité l'argent de sa liste civile.

Des expéditions furent organisées. Stanley, revenu en 1877, faisait partie du Comité de Bruxelles. De 1879 à 1882, tandis que Brazza faisait un deuxième voyage et cherchait une route terrestre de la mer au Congo, par les vallées de l'Ogoué et de l'Alima (2), Stanley remonta le fleuve même, afin de s'assurer s'il n'existait pas un moyen pratique d'établir une communication régulière entre le bas et le moyen Congo. Un million avait été souscrit pour cette entreprise. Stanley établit sur sa route des stations, mais il arriva

---

(1) Lire l'intéressante comparaison faite par sir Trawers Twis entre le but poursuivi par le Comité d'études du Haut-Congo, et le rôle joué par certaines institutions du Moyen-Age pour faire participer les populations païennes et sauvages, aux bienfaits de la civilisation chrétienne, telles que l'Ordre des Chevaliers Porte-Glaives, l'Ordre teutonique, l'Ordre St-Jean de Jérusalem. *La libre navigation du Congo* (*Rev. de droit internat.*, 1883, nº 6, p. 552).

(2) Instructions générales données à M. de Brazza, par le Ministre des Affaires étrangères (*Livre jaune, Affaires du Congo*, 1884, p. 10).

au lac de Stanley-Pool plusieurs mois après son con-
current, M. de Brazza, qui venait de signer avec le
roi du pays, Makoko, un traité nous donnant la rive
droite du fleuve. Stanley traversa alors le lac et établit,
en face de notre station de Brazzaville, celle de Léopoldville.

§ III. — L'Europe conteste les droits exclusifs du Portugal sur le Congo.

Il semble que le récit que nous venons de faire,
de ces explorations, nous ait mené un peu loin du
Portugal et du droit de souveraineté qu'il prétendait
avoir sur les côtes occidentales d'Afrique. Mais cet
exposé était nécessaire pour permettre de comprendre
la portée de plusieurs incidents qui se produisirent à
cette époque.

Dans l'appréciation de ces incidents, le Portugal ne
sut pas toujours faire une distinction exacte entre les
vœux désintéressés d'hommes de la science pour la
libre navigation d'un fleuve, et les vues politiques
d'Etats rivaux, visant l'annexion de territoires. Il
donnait d'un côté l'assurance de ne pas entraver la
circulation des navires étrangers, et d'un autre côté,
se contredisait par ses propres paroles, par ses actes
ou ses traités.

Le Congo commence alors à être assez connu pour
que l'on puisse voir en lui la principale voie de péné-

tration dans l'Afrique centrale ; on parle déjà de lui en Europe, et on l'étudie non plus seulement au point de vue géographique, entre explorateurs, mais aussi au point de vue économique, politique et juridique. Quel parti peut-on tirer de sa navigation ? Quelles nations pourront se servir de ses eaux ? Telles sont les questions que commencent à se poser les commerçants exportateurs, les diplomates et les jurisconsultes.

Les Portugais eurent des inquiétudes, lorsqu'ils virent les Français et les Belges s'établir sans façon à droite et à gauche des rives du Congo (1). Ils réclamèrent alors la souveraineté de toute la région qui s'étend des deux côtés de ce fleuve entre les degrés 5° 12' et 8° de latitude sud, et vers l'intérieur jusque bien au-delà de Stanley-Pool, en se fondant sur les traités antérieurs du 10 février 1763, du 30 janvier 1786 et du 22 janvier 1815, que nous avons déjà étudiés. Ils tirèrent même parti d'un fait qui s'était produit plusieurs années auparavant, au cours de la guerre franco-allemande. Un brick allemand *Hero* avait été capturé en septembre 1870 par la corvette française le *Loiret* dans les eaux de Banane (2). Ce brick fut relâché par les autorités françaises. Le Portugal en concluait que si cela avait eu lieu, c'était parce que la France avait reconnu que cette prise avait été effectuée à tort dans

(1) Consulter dans le *Livre jaune* (*Affaires du Congo*, 1884), la correspondance diplomatique entre la France et le Portugal.
(2) Port situé à l'embouchure du Congo.

les eaux portugaises. M. Jules Ferry répondit dans une dépêche du 29 décembre 1883 (1) que « les recherches faites dans les archives du département de la Marine, ont montré que si le *Hero* est effectivement retourné à Banane, cela n'impliquait nullement la reconnaissance de la souveraineté portugaise sur cette partie du littoral ».

Un incident très caractéristique marque bien l'état d'esprit anxieux et ombrageux du Portugal. Lors de la réunion du Congrès de géographie commerciale tenu à Paris en 1878, au cours de la séance tenue le 27 septembre, l'une des sections émit le vœu que « les Chambres de commerce s'associassent aux efforts faits par les Gouvernements, les Sociétés de géographie et les particuliers pour faciliter et multiplier les expéditions ayant pour but l'exploration du bassin du Congo et de l'Afrique équatoriale » (2). Mais les délégués portugais s'élevèrent formellement contre cette prétention : « C'est un vœu tout à fait politique, dirent-ils ; il porterait atteinte aux droits indiscutables du Portugal sur le Congo. Les délégués seraient forcés de se retirer si ce vœu était discuté, car ils ne peuvent autoriser par leur présence, quelque discussion ou délibération que ce soit, directe ou indirecte, renfermant l'idée d'une ingérence étrangère quelconque dans la politique et dans l'administration coloniale du

(1) *Livre jaune*, 1884, p. 22.
(2) Compte-rendu, p. 182.

Portugal ». Le Gouvernement portugais approuva pleinement ces paroles (1). Plus tard, pour bien affirmer ses droits, leur roi rendit un arrêté, le 18 août 1881, prescrivant la fondation de stations portugaises « hospitalières, scientifiques et commerciales ».

Les Portugais qui pourtant, jusqu'à présent, semblaient les seuls intéressés, n'eurent pas le monopole des protestations : les Hollandais, les Anglais eux aussi, élevèrent la voix.

Une Société africaine fondée à Rotterdam, rédigea une adresse, ratifiée par la Chambre de commerce de cette ville, aux Etats généraux, pour leur demander de s'opposer aux prétentions de la France et du Portugal sur le Congo. Elle réclama le statu quo, sous prétexte que les prétentions exclusives de la France et du Portugal sur le fleuve, seraient contraires aux droits antérieurs de la Hollande qui avait des comptoirs sur la côte de Loango (3), depuis un siècle et demi, et sur l'embouchure du Congo.

Des Sociétés africaines fondées en Angleterre, plusieurs Chambres de commerce, notamment celle de Manchester (13 novembre 1882) et l'Antislavery Society, s'adressèrent au Foreign office pour demander

---

(1) *La question du Zaïre, droits du Portugal* (*Mémorandum*, p. 48).

(2) *Annuaire Institut de droit international*, t. VII, p. 260.

(3) Loango se trouve au Nord du cap Padrão, à l'embouchure du Kouilou et fait partie aujourd'hui du Congo français.

que le gouvernement anglais maintienne la liberté du
Congo.

Les jurisconsultes commencèrent alors à s'occuper
de ces questions, et l'Institut de droit international ne
resta pas indifférent. Dans la session tenue à Paris, le
5 septembre 1878, M. Moynier avait attiré l'attention
sur le Congo et en avait proposé la neutralisation (1),
mais ses paroles trouvèrent à ce moment peu d'écho.

M. de Laveleye reprit cette idée en 1883 (2), et les
hommes les plus compétents, notamment M. de Les-
seps, l'appuyèrent.

Un voyageur allemand, M. Gerhard Rohlfs, parla,
la même année, non plus de neutraliser, mais d'internationaliser le Congo (3). « Internationaliser le Congo,
écrit-il, serait peut-être moins facile que la neutralisation des bouches du Danube. Mais si l'Allemagne
et l'Angleterre voulaient appuyer cette solution, elle
cesserait de paraître irréalisable. La France, l'Italie,
le Portugal seraient forcés de les suivre, et le Congo
serait sauvé. Liberté pour tous sous la protection de
règlements arrêtés à la suite d'un accord international,
tel doit être notre mot d'ordre ».

Les partisans de la neutralisation du Congo se fon-
daient sur le caractère international de l'œuvre huma-
nitaire et désintéressée, créée par le roi des Belges.

---

(1) *Annuaire Institut de Droit international*, 1879, 1880, p. 155.
(2) *Rev. de droit internat.*, 1883, n° 3.
(3) *Allgemeine Zeitung*, 22 avril 1883.

Après M. Gerhard Rohlfs, sir Trawers Twiss com-
battit cette idée de neutralisation (1), car le bas Congo,
dit-il, doit pouvoir recevoir la visite des navires armés
des États civilisés, la piraterie et la traite infestant
encore ces contrées. Il voudrait, lui aussi, internationaliser le fleuve, mais seulement dans la section
voisine de la mer. Après avoir parlé du régime adopté
par l'Europe pour la partie inférieure du Danube, il
ajoute : « Un pareil système appliqué à la navigation
du Bas-Congo pourra apaiser le conflit de juridiction
qui existe entre le Portugal et les Puissances maritimes
européennes ». Cette section du fleuve serait admi-
nistrée par une commission internationale (2). Quant
au Moyen et au Haut-Congo, « les conditions du pays
qu'ils arrosent sont tellement anormales, que le régime
adopté dernièrement dans l'Europe pour les bouches
du Danube, n'y saurait être appliqué. Mais on peut
demander l'application d'un autre principe que les
puissances européennes ont déjà approuvé dans la
question d'Orient, par la signature d'un protocole de
désintéressement ».

Jusqu'à présent nous avons passé en revue une
série de propositions émanées d'hommes d'une compé-
tence incontestable, voyageurs, jurisconsultes.... ; mais
ces propositions apparaissaient isolément sans aucun
lien d'entente entre elles. Il était temps de donner à

(1) *Rev. de droit internat.*, 1883, n° 5, p. 437.
(2) *Rev. de droit internat.*, 1883, n° 5, p. 442.

ces revendications une force plus grande et une tournure quasi-officielle. Ce fut l'œuvre qu'accomplit l'Institut de droit international réuni à Munich en 1883.

M. Moynier qui, nous l'avons vu, avait dès 1878
demandé la neutralisation du Congo, reprit son idée ;
il envoya une lettre-circulaire qui fut lue dès la première séance tenue par l'Institut, et un mémoire que
nous examinerons bientôt.

Dans sa lettre, il écrit (1) : « Les Etats hésitent à
se mettre en avant pour provoquer une entente en ce
sens. La question se trouve dans une phase analogue
à celle qui en 1864 a précédé la signature de la Convention de Genève. Aujourd'hui, de même, quoique
l'idée de neutraliser le Congo, ne paraisse devoir soulever d'objections majeures, la diplomatie hésite à en
prendre l'initiative et pour qu'elle s'y décide, il suffirait
peut-être de la mettre formellement en demeure d'agir ».
M. Moynier continua, en disant que cette démarche
rentre dans le rôle de l'Institut de droit international ;
il doit exprimer des vœux et demander à un souverain
d'inviter les autres Etats à une conférence *ad hoc*.

Cette lettre était accompagnée d'un mémoire dont
nous extrayons le passage suivant : « On (la conférence
de Munich) vise à ce que le droit de circuler sur ce
vaste réseau fluvial ne puisse pas devenir l'objet d'un
monopole, à ce que l'accès en soit toujours permis et
à ce qu'aucune entrave ne soit mise à l'activité civili

____

(1) *Annuaire Institut de droit internat.*, 1883.

satrice d'un peuple quelconque dans ses parties navigables ». L'auteur du mémoire voudrait que l'on fît quelque chose d'analogue à ce que le Traité de Paris de 1856 a fait pour le Danube; il voudrait que l'on appliquât la règle proposée par Bluntschli, à laquelle souscrivent tous les jurisconsultes : « Les fleuves et les rivières navigables qui sont en communication avec la mer libre, sont ouverts en tout temps aux navires de toutes les nations. Le droit de libre navigation ne peut être aboli ni restreint au détriment de certaines nations » (1). M. Moynier estime en outre qu'il serait indispensable d'établir, comme pour le Danube, une Commission internationale composée des représentants des Etats intéressés et qui serait chargée de remplir pour le compte de la communauté, certaines fonctions administratives ou techniques.

L'Institut de droit international approuva de point en point toutes ces propositions, et, dans sa séance du 4 septembre, il émit un vœu en faveur de la liberté complète de la navigation de tout le Congo et de ses affluents. Il chargea ensuite son Bureau de transmettre ce vœu aux diverses Puissances, en y joignant, mais à titre d'information, le mémoire présenté par M. Moynier.

____

(1) BLUNTSCHLI, *Moderne völkerrecht der civilisaten Staten*, art. 314. Wenn die schiffbaren Ströme oder Flüsse mit den offenen Meer in Verbindung stehen, so sind dieselben den Schiffen aller Nationen im Frieden offen zu halten, die freie Schiffahrt darf nicht zum Nachteil einzelner Nationen gehemmt, noch ungebührlich belästigt werden.

Ces travaux de l'Institut de droit international, comme bien on peut le penser, ne laissèrent pas indifférent le Gouvernement portugais. Celui-ci adressa, le 20 octobre 1883, une dépêche-circulaire (1) à ses représentants à l'étranger, dans laquelle il proteste énergiquement contre le projet d'immixtion de l'Europe sur son territoire dont la souveraineté lui appartient incontestablement entre le 5° et le 8° 12' latitude sud. « L'illustre Société (l'Institut de droit international), semble avoir perdu de vue les droits que le Portugal possède sur le territoire traversé par la première partie navigable du Congo, à partir de son embouchure, et elle présuppose, tout à fait contrairement à la vérité, que le Portugal, en désirant occuper cette partie du territoire, a l'intention de séquestrer ou de monopoliser, pour son propre et exclusif avantage, la splendide voie d'eau qui traverse quelques-uns des plus grands territoires de l'intérieur de l'Afrique australe ». Et ici une pointe injuste lancée à l'Institut : « En ce qui concerne l'impression erronée qui semble avoir dominé l'Institut de droit international, que le Portugal désire opposer des difficultés ou des entraves à la libre navigation sur le Congo, une semblable erreur est excusable chez des hommes qui sont plus absorbés par le soin de relever l'étude de la science que versés

(1) Texte dans le *Times* du 5 novembre 1883, et passages dans l'article de M. Arntz, *Le Gouvernement portugais et l'Institut de droit international* (*Rev. de droit internat.*, 1883, n° 6, p. 537).

dans la connaissance des évènements politiques qui occupent la presse quotidienne ». Puis la dépêche continue plus gravement : « Le Gouvernement portugais, ni dans ses publications officielles ou autres, ni dans ses négociations avec le gouvernement britanique, n'a jamais manifesté le désir de restreindre ou d'entraver la parfaite liberté de navigation sur le Congo, comme le ferait supposer le vote émis par l'Institut de droit international ».

M. E. Arntz se chargea de répondre à cette attaque du Portugal ; il le fit dans un article publié à la fin de 1883, par la *Revue de droit international* (1). Il n'eut pas de peine à prouver combien étaient peu fondées les accusations de vues politiques qu'on avait imputées à l'illustre Compagnie.

D'ailleurs, le Gouvernement portugais, malgré sa dépêche du 20 octobre 1883, et les protestations qui y sont contenues, se chargea lui-même de démontrer qu'il entendait confisquer à son profit la navigation du Congo. Il signa en effet un traité avec la Grande-Bretagne, traité que nous allons maintenant étudier.

§ IV. — Traité anglo-portugais du 26 février 1884.

Le 26 février 1884, l'Angleterre (2) et le Portugal signèrent à Londres un traité (3) dans lequel sa Majesté

---

(1) Le gouvernement portugais et l'institut de droit international.
(2) Sous le Ministère de M. Gladstone.
(3) Texte dans *Archives diplomatiques*, 1884, p. 299.

Britannique consent à reconnaître la souveraineté de sa
Majesté Très Fidèle sur la partie de la côte occidentale
d'Afrique située entre le 8° et le 15° 12' latitude sud ;
la frontière orientale à l'intérieur doit coïncider avec
les frontières des possessions actuelles du Portugal
et des tribus riveraines (article 1). Les deux nations
sont d'accord pour déclarer ce territoire ouvert à toutes
les nationalités et les étrangers doivent y jouir du
même traitement que les sujets du Portugal (art. 2) ;
le commerce et la navigation des fleuves Congo et
Zambèze et de leurs affluents seront entièrement
libres pour les sujets et les pavillons de toutes les
nations (art. 3). Mais ici se place une restriction pleine
de grosses conséquences et rendant presque vains les
beaux principes de liberté qui venaient d'être mis en
avant : « Une commission mixte composée des délégués
de la Grande-Bretagne et du Portugal, sera nommée
pour rédiger des règlements concernant la navigation,
la police et la surveillance...., pour veiller à leur
exécution, et pour percevoir certaines taxes établies »
(art. 4, § 2). C'était d'une façon déguisée, mettre le
fleuve aux mains des Anglais et des Portugais. A cela
s'ajoutaient d'autres avantages commerciaux faits aux
Anglais : « Les navires anglais et les marchandises anglaises seront sur le même pied que les navires
et les marchandises portugaises » (art. 9).

Enfin, vient un article sur la teneur duquel on n'a
pas assez insisté et dont on n'a pas assez envisagé les

conséquences possibles ; c'est l'article 13, ainsi conçu :
« Les dispositions du présent traité affectant le territoire indiqué à l'article premier, seront pleinement
appliquées à tous les territoires qui y sont contigus en
Afrique, et qui pourront par la suite être placés sous
la souveraineté de Sa Majesté Très Fidèle ». Ainsi, le
Portugal ne se contentait pas d'affirmer sa souveraineté
sur le territoire indiqué par l'article 1er, il se préparait
aussi à mettre la main sur toute l'Afrique centrale, et
il faisait constater, approuver même, ses intentions
officiellement, par une deuxième puissance, dans une
convention.

Il y avait donc bien là, comme dans tout le reste du
traité, de quoi éveiller l'attention des autres États
européens, et même de quoi leur faire prendre
ombrage. C'est, en effet, ce qui arriva.

§ V. — Protestations de la France et de l'Allemagne.

A peine ce traité fut-il connu en Europe, qu'il sou-
leva contre lui un fort mouvement d'opinion ; la
France, l'Allemagne, firent des réserves, et le public
anglais lui-même, n'approuva pas l'œuvre de ses
ministres qui l'avaient signé.

La France la première, en la personne de M. Jules
Ferry, déclara qu'elle entendait faire observer le traité
conclu entre elle et le Portugal au Pardo, le 30 janvier 1786 ; il rappela que les droits de souveraineté

du Portugal sur cette région du Congo, n'étaient pas aussi absolus que le Gouvernement portugais voulait le faire entendre (1), et qu'ils s'étendaient seulement à la côte d'Angola, sans qu'il soit fait aucune allusion au fleuve même et aux territoires riverains.

Le prince de Bismarck considéra comme non avenu ce traité, à la rédaction duquel l'Allemagne n'avait pris aucune part, et contesta les titres mis en avant par le Portugal, dans une dépêche du 7 juin 1884, adressée à lord Granville.

Il jugea cependant qu'une entente avec le Gouvernement français au sujet des choses d'Afrique, était utile. Le baron de Courcel, notre ambassadeur à Berlin, eut plusieurs conférences à Varzin avec le prince de Bismarck dans le cours de l'été de 1884. Les protestations des États-Unis d'Amérique, de l'Espagne, des Pays-Bas, montrèrent à ces diplomates que l'Europe était de leur côté. Ils formèrent alors le projet de créer une sorte de « ligue des neutres », à caractère défensif, à laquelle pourraient adhérer tous les autres États intéressés (2), dans le but de proclamer le régime de la liberté commerciale du bassin du Congo, et en même temps de celui du Niger, afin d'appliquer à ces deux fleuves les règles du droit fluvial édictées à Vienne, en 1815, et à Paris, en 1856.

(1) Annexe à la dépêche du 14 mars 1881 (*Livre jaune*, 1884, p. 27).

(2) Rapport de M. ENGELHARDT (*Livre jaune, Affaires du Congo*, 1885, p. 3 et 4).

C'est à ce moment que le Portugal, voyant la tournure que prenaient les choses, résolut de prendre les devants et de proposer lui-même de réunir une Conférence dans laquelle seraient traitées toutes les questions alors pendantes en Afrique (1). Le gouvernement de la Grande-Bretagne, qui n'avait pas trouvé dans le public l'appui sur lequel il comptait, car le Parlement s'était montré peu favorable au traité du 26 février, adhéra à cette proposition.

L'Allemagne était ainsi encouragée ; elle pensa d'abord inviter seulement les États directement intéressés au commerce africain, savoir : l'Angleterre, la Belgique, l'Espagne, les États-Unis, les Pays-Bas, le Portugal. Puis, sur la représentation de l'Italie tenue à l'écart, elle invita toutes les grandes Puissances. En conséquence, après avoir fixé Berlin comme lieu de réunion de la Conférence (2), des invitations furent adressées par le gouvernement allemand, d'accord avec le gouvernement français, à l'Autriche, à la Belgique, au Danemark, à l'Espagne, aux États-Unis, à la Grande-Bretagne, à l'Italie, à la Hollande, au Portugal, à la Russie, à la Suède et Norvège et à la Turquie.

La France recommanda de son côté, à ses représentants auprès de ces Gouvernements, de se mettre en

(1) *Livre jaune*, p. 56.
(2) Dépêche du prince de Bismark, datée de Friederichsruhe 30 sept. 1884 à M. de Courcel (*Livre jaune*, 1884, p. 60).

rapport avec leurs collègues allemands (1), en vue d'établir un accord international sur les principes suivants :

1º Liberté du commerce dans le bassin et les embouchures du Congo ;

2º Application au Congo et au Niger des principes adoptés par le Congrès de Vienne, en vue de consacrer la liberté de la navigation sur plusieurs fleuves internationaux, principes appliqués plus tard au Danube ;

3º Définition des formalités à observer pour que les occupations nouvelles sur les côtes d'Afrique soient considérées comme effectives.

(1) *Livre jaune*, 1885, p. 43.

CHAPITRE III

LA CONFÉRENCE DE BERLIN DE 1885.

Division. — § I. Ouverture de la Conférence.
§ II. Étude des points soumis à son examen.
§ III. Clôture de la Conférence.

§ 1er. — Ouverture de la Conférence de Berlin.

Toutes les Puissances invitées répondirent à l'appel de l'Allemagne et de la France. La séance d'ouverture de la Conférence africaine eut lieu à Berlin, le samedi 15 novembre 1884, à deux heures de l'après-midi.

L'Allemagne y était représentée par le prince de Bismarck, chancelier de l'Empire, et par le comte de Hartzfeldt. Les autres Etats avaient comme représentants leurs ambassadeurs ou leurs ministres à Berlin. Ces diplomates étaient : pour l'Autriche, le comte Széchényi ; pour la Belgique, le comte Van der Straten Ponthoz et le baron de Lambermont ; pour le Danemark, M. de Vind ; pour l'Espagne, le comte de Benomar ; pour les Etats-Unis, A. Kasson ; pour la France, le baron de Courcel ; pour la Grande-Bretagne, sir Edward Malet ; pour l'Italie, le comte de Launay ;

Bibliographie : *Atlas* Schrader ; — *Atlas* Vidal Lablache ; — *Livre jaune, Affaires du Congo*, 1885 ; — *The Daily Mail* commercial map of Africa (George Philip, London).

pour les Pays-Bas, Van der Hœven ; pour le Portugal, le marquis de Penafiel ; pour la Russie, le comte de Kapnist ; pour la Suède et la Norvège, le baron de Bildt ; pour la Turquie, Saïd pacha (1).

Le prince de Bismarck, sur la proposition de l'ambassadeur d'Italie, doyen du corps diplomatique, fut nommé Président de la Conférence. Dans le discours d'ouverture qu'il prononça alors, le grand Chancelier de l'empire allemand montra l'œuvre que l'Assemblée avait à accomplir, et reprit en les développant les trois points indiqués dans les lettres de convocation.

§ II. — **Étude des points soumis à l'examen de la Conférence**

Ces trois points étaient les suivants :

1º Liberté commerciale du bassin du Congo.

2º Application au Congo et au Niger des principes du droit fluvial conventionnel.

3º Formalités à observer pour que les occupations nouvelles sur les côtes d'Afrique soient considérées comme effectives.

Prenons chacun de ces trois points, et examinons sommairement comment ils furent réglés par la Conférence.

1ᵉʳ POINT. — *Liberté commerciale du bassin du Congo.*

Le gouvernement allemand déposa en ce sens un

(1) *Livre jaune*, 1885, p. 55.

projet de déclaration (1) qui reçut l'approbation de tous les plénipotentiaires présents. Toutefois, après la réponse de sir Edward Malet, l'ambassadeur anglais, qui montra qu'en raison de l'innavigabilité du cours moyen du Congo, la liberté commerciale appliquée à tout le reste du bassin serait en quelque sorte illusoire, s'il ne comprenait pas les communications par eau ou par terre des différentes parties du fleuve avec la mer, on convint d'élargir les limites du bassin du Congo (2). Une Commission présidée par le baron de Courcel fut chargé de fixer ces dernières. Elle divisa sa tâche en trois parties (3) :

a). Quelle est l'étendue du bassin géographique du Congo ?

La formule suivante fut adoptée : « Le bassin du Congo est délimité par les crêtes des bassins contigus, à savoir, notamment les bassins du Niari, de l'Ogowé, du Schari (4) et du Nil au Nord ; par la ligne de faîte orientale des affluents du lac Tanganyka, à l'Est ; par les crêtes des bassins du Zambèze et de la Logé au Sud. Il embrasse en conséquence tous les territoires drainés par le Congo et ses affluents, y compris le lac Tanganyka et ses tributaires orientaux ».

b). Quels territoires convient-il d'adjoindre au bassin naturel du Congo, sur le littoral de l'Océan Atlantique,

---

(1) Annexe au protocole n° 1 (*Livre jaune*, p. 65).
(2) *Livre jaune*, 1885, p. 61.
(3) Annexe au protocole n° 3 (*Livre jaune*, p. 92).
(4) Le Schari se jette dans le lac Tchad.

au Nord et au Sud de l'embouchure du Congo, dans l'intérêt des communications commerciales ?

En étendant trop ces limites au Nord et au Sud, on empiétait sur des territoires français et portugais, sur les colonies du Gabon et de l'Angola. Après quelques débats, on déclara : « La zône maritime soumise au régime de la liberté commerciale, s'étendra sur l'Océan Atlantique, depuis la position de la Sette-Cama jusqu'à l'embouchure de la Logé. La limite septentrionale suivra le cours de la rivière qui débouche de la Sette-Cama et à partir de la source de celle-ci, se dirigera vers l'Est jusqu'à la jonction avec le bassin géographique du Congo, en évitant le bassin de l'Ogoué (1). La limite méridionale suivra le cours de la Logé jusqu'à la source de cette rivière, et se dirigera de là vers l'Est, jusqu'à la jonction avec le bassin géographique du Congo ».

c). Y a-t-il lieu de placer également sous le régime de la liberté commerciale certains territoires s'étendant à l'Est du bassin du Congo dans la direction de l'Océan Indien ?

Tout en tenant compte des droits incontestables du Portugal et du sultan de Zanzibar sur ces régions, on fixa ainsi cette zone : « Depuis le cinquième degré de latitude Nord jusqu'à l'embouchure du Zambèze au

(1) Cette limite septentrionale indiquée ici d'une façon quelque peu vague, à cause du manque de connaissances géographiques sur cette région, est fixée dans la rédaction définitive de l'Acte de Berlin, au 2° 3' latitude sud (art. 1, 2°).

Sud ; de ce point, la ligne de démarcation suivra le Zambèze jusqu'à cinq milles en amont du confluent du Shiré et continuera par la ligne de faîte, séparant les eaux qui coulent vers le Nyassa des deux tributaires du Zambèze, pour rejoindre enfin la ligne de partage des eaux du Zambèze et du Congo ».

Toutes ces délimitations données par la Commission furent approuvées par la Conférence même ; elles figurent telles quelles dans la « Déclaration relative à la liberté du commerce dans le bassin du Congo, ses embouchures et pays circonvoisins », dont elles forment l'article premier (1).

La région ainsi ouverte au commerce et à la civilisation est traversée au centre par le Congo. Elle mesure plus de six millions de kilomètres carrés ; elle représente une superficie douze fois plus grande que la France. Ces chiffres seuls suffiront à donner une idée de l'importance que peut jouer la navigation sur le fleuve du Congo et sur ses tributaires qui desservent ces immenses espaces (2).

2ᵉ POINT. — *Application au Congo et au Niger des principes du droit fluvial conventionnel.*

Au cours de la séance d'ouverture, le prince de Bismarck dit que « le Gouvernement allemand se

---

(1) *Livre jaune*, p. 299. La Déclaration elle-même forme les cinq premiers articles de l'Acte général de Berlin.

(2) Voir dans l'*Atlas* de Schrader, sur la carte d'Afrique (nº 47), la ligne de démarcation de cette zône.

rallierait volontiers à des propositions tendant à régler, en dehors de la Conférence, la question de la liberté de navigation sur tous les fleuves de l'Afrique ». Plus tard, quand on voulut donner suite à cette idée, plusieurs Gouvernements s'y montrèrent nettement hostiles, notamment celui de la Porte, qui pensait alors probablement au Nil (1), et celui du Portugal qui pensait au Zambèze (2). La Conférence se borna à rédiger deux Actes de navigation, l'un relatif au Congo, l'autre au Niger.

Il n'est pas sans intérêt pour nous d'examiner les négociations et les délibérations qui accompagnèrent la rédaction de ces deux Actes, ainsi que les vues des Puissances sur le régime de ces deux fleuves.

Dans la pensée de l'Allemagne, le règlement à appliquer à la navigation du Congo et du Niger, devait être unique et régir indifféremment l'un et l'autre fleuve. Elle avait présenté un « projet d'acte de navigation du Congo-Niger » (3), mais l'Angleterre s'opposa à ce que l'on soumît les deux fleuves africains à un même régime. Sir Edward Malet le dit formellement : « Le Gouvernement de Sa Majesté s'est déjà convaincu que la navigation du Congo pourrait être réglée par une commission internationale, dont il a

____

(1) Protocole n° 9 (*Livre jaune*, p. 236).

(2) Protocole n° 5 (*Livre jaune*, p. 135) ; — Voir en sens contraire, le discours de sir Edward MALET, *Livre jaune*, p. 62 et les paroles du comte DE LAUNAY, *idem*, p. 235.

(3) Annexe au protocole, n° 5 (*Livre jaune*, p. 150).

même conseillé la création à plusieurs reprises.... La situation du Niger est entièrement différente. L'établissement d'une commission sur ce fleuve est regardé comme étant impraticable » (1). Voilà qui est net. Le plénipotentiaire anglais présenta ensuite un « projet de déclaration pour assurer la liberté de navigation sur le Niger » (2). Le Gouvernement de la Reine aurait eu la haute main sur la navigation de ce fleuve dont il possédait les embouchures ; et tout en adoptant ouvertement le principe de la liberté internationale, il aurait pu, par certaines mesures, le rendre vain (3).

Au cours des travaux de la Conférence, quand on en vint à la discussion de ce sujet, sir Edward Malet proposa que l'on examinât séparément les questions intéressant respectivement chacun des deux fleuves (4). En réponse, le baron de Courcel, représentant de la France, principale intéressée dans la question, parce que, comme nous l'avons vu plus haut, elle détient le cours supérieur du fleuve, demanda que « le régime conventionnel établi par la Conférence pour le Congo, ne soit adopté d'une manière définitive qu'au jour où sera fixé le régime relatif au Niger. Jusque là, les règles formulées au sujet du Congo, seraient seulement accueillies sous une condition suspensive ». La Con-

(1) Protocole n° 1 (*Livre jaune*, p. 63).
(2) Projet annexé au protocole n° 5 (*Livre jaune*, p. 163).
(3) Nous verrons dans la suite que ces craintes n'étaient pas purement chimériques.
(4) Protocole n° 4 (*Livre jaune*, p. 112).

férence agréa cette réserve. C'est grâce à cette clause
de condition suspensive, que la France obtint de
l'Angleterre la rédaction de l'Acte de navigation du
Niger dans un sens moins désavantageux pour elle.

Une Commission spéciale sous la présidence de
l'ambassadeur de France fut nommée pour élaborer les
deux Actes de navigation. Elle ne comprit en principe
que les représentants des puissances les plus intéressées ;
toutefois, la faculté fut réservée aux plénipotentiaires
des autres Etats d'assister aux séances de la Commission
et de s'associer à ses travaux (1). Cette Commission,
en raison des difficultés techniques qu'elle était appelée
à résoudre, nomma elle-même un Sous-comité composé
de MM. Kusserow (Allemagne), le baron de Lambermont président (Belgique), Engelhardt (France), de
Crowe (Angleterre), Cordeiro (Portugal), Banning (Belgique), et sir Trawers Twis (Angleterre) (2). Trois
projets d'actes de navigation furent examinés par ce
Sous-comité : celui du Congo-Niger, présenté par l'Allemagne, celui du Congo et du Niger également applicable à ces deux conrs d'eau, présenté par la France,
et enfin celui relatif au seul Niger, apporté par la
Grande-Bretagne. On tint aussi compte d'un projet
rédigé spontanément à Paris par M. Engelhardt (3).

(1) Protocole, n° 4 (*Livre jaune*, p. 112').
(2) Annexe au Protocole n° 5 (*Livre jaune*, p. 139).
(3) M. ENGELHARDT a fait entrer dans la rédaction de son projet (ainsi
d'ailleurs que dans celle de son rapport sur la Conférence de Berlin, en

On étudia ces différents travaux, et l'on arriva à rédiger deux projets qui furent présentés le 6 décembre à la Commission qui consacra six séances consécutives à leur examen. Un rapport étendu de la discussion des différentes clauses fut présenté à la Conférence même, le 13 décembre, par M. de Lambermont (1). La Conférence apporta quelques modifications aux deux projets présentés par la commission ; puis ils furent insérés dans l'Acte de Berlin, dont ils forment les articles 13 à 36.

Ainsi la Conférence de Berlin avait rempli la deuxième partie de son programme, en décidant « l'application au Congo et au Niger des principes adoptés par le Congrès de Vienne, en vue de consacrer la liberté de la navigation sur plusieurs fleuves internationaux, principes appliqués plus tard au Danube ». Cette tâche lui fut singulièrement facilitée et rendue moins pénible que celle qu'eurent à différentes reprises à accomplir les Puissances qui voulurent déclarer libre le cours de fleuves européens, tels que le Rhin ou le Danube. Pour le Congo et le Niger, pas de riverains héritiers des droits antiques des seigneurs du Moyen-Age, pas de vestiges de servitudes féodales, pas de droits acquis à percevoir des taxes, des péages ; mais deux fleuves entièrement neufs au point de vue juri-

____

tête du *Livre jaune* de 1885) beaucoup de ses vues personnelles, déjà exposées précédemment dans ses nombreux ouvrages traitant du droit fluvial conventionnel.

(1) Rapport annexé au protocole n° 5 (*Livre jaune*, p. 138).

dique. Aussi, les principes du droit fluvial conventionnel furent-ils appliqués dans toute leur étendue et avec toutes les conséquences qu'ils comportent.

3ᵉ POINT. — *Formalités à observer pour qu'une occupation soit considérée comme effective.*

Cette question, quelqu'intéressante qu'elle soit par elle-même, ne rentre pas dans notre sujet. Elle fait l'objet des articles 34 et 35 de l'Acte général de Berlin (1).

§ III. — Clôture de la Conférence de Berlin.

La Conférence de Berlin, qui s'était réunie pour la première fois le 15 novembre 1884, se sépara le 26 février 1885. Trois mois avaient suffi à cette auguste Assemblée pour accomplir une œuvre grandiose à tous les points de vue. Le prince de Bismarck, après avoir constaté dans son discours de clôture combien avait été complète l'entente de tous les délégués, ajouta : « Les résolutions que nous sommes sur le point de sanctionner assurent au commerce de toutes

____

(1) Une occupation, pour être considérée comme effective, doit être accompagnée d'une déclaration aux autres Puissances, et être assurée par une autorité suffisante pour faire respecter les droits acquis. — La Conférence s'occupa aussi de la suppression de l'esclavage, de la protection à accorder aux institutions humanitaires et scientifiques, aux missionnaires, de la vente des spiritueux, et de l'application au bassin du Congo de la Convention de l'Union postale de 1878.

les nations le libre accès au centre du continent africain. Les garanties dont la liberté commerciale dans
le bassin du Congo sera entourée, et l'ensemble des
dispositions consignées dans les Actes de navigation
du Congo et du Niger, sont de nature à offrir au
commerce et à l'industrie de toutes les nations les
conditions les plus favorables à leur développement et
à leur sécurité » (1).

Avant de dissoudre la Conférence, le prince de
Bismarck donna encore lecture de l'acte d'adhésion de
l'Association internationale du Congo, à l'Acte général
de Berlin (2). Cette Association, œuvre du roi des
Belges, venait d'être reconnue officiellement par les
différentes Puissances (3). Elle devait former, le
1er août 1885, l'Etat indépendant du Congo, qui était
appelé à devenir le principal gardien de la liberté et
de la navigation internationale du fleuve du Congo
qu'il commande presque entièrement.

L'Acte général fut ensuite signé. Le président fit
connaître que la séance était levée, et la Haute-
Assemblée se sépara.

---

(1) Protocole n° 10 (*Livre jaune*, p. 287).

(2) Protocole n° 10 (*Livre jaune*, p. 290). Voir aussi Protocole n° 9, p. 224.

(3) Traités signés entre l'Association et les États-Unis, le 22 avril 1884 ;
l'Allemagne, le 8 novembre 1884 ; l'Angleterre, le 16 décembre 1884 ;
l'Italie, le 19 décembre 1884 ; l'Autriche-Hongrie, le 24 décembre 1884 ; les
Pays-Bas, le 29 décembre 1884 ; l'Espagne, le 7 janvier 1885 ; la France, le
5 février 1885 ; la Russie, même date ; la Suède et Norvège, le 10 février
1885 ; le Portugal, le 14 février 1885 ; le Danemark, le 23 février 1885 ; la
Belgique, même date (Annexe 1 au protocole n° 9, *Livre jaune*, p. 239).

Telle fut la Conférence Africaine de Berlin qui tient une si grande place dans l'histoire du droit international, et aussi dans l'histoire diplomatique de la fin de ce siècle. « Elle y paraîtra, dit M. Engelhardt dans son rapport, au premier rang, par le nombre de ses membres ; car si l'on excepte les trois royaumes orientaux et la Suisse, tous les Etats de l'Europe ont pris part à ses délibérations dans les conditions d'une entière égalité... Ses résolutions ont une autorité dont aucun Congrès antérieur n'a pu se prévaloir, car son Acte final porte la signature de deux plénipotentiaires des Etats-Unis d'Amérique (1) ».

(1) *Livre jaune*, 1885, p. 38. Mais les États-Unis qui avaient pris une si grande part à la rédaction de l'Acte de Berlin, ne l'ont pas ratifié.

DEUXIÈME PARTIE

RÈGLES RELATIVES A LA NAVIGATION DU CONGO ET DU NIGER

Les projets primitifs présentés par l'Allemagne et la France à l'approbation de la Conférence, établissaient, comme nous l'avons vu, un Règlement unique pour le Congo et le Niger ; mais, dès la première séance, sir Edward Malet fit à ce sujet d'importantes réserves. Il demanda que deux Actes séparés fussent rédigés, et que les questions intéressant respectivement chacun des deux fleuves fussent discutées séparément. La Conférence se rangea à son avis.

Nous diviserons donc cette partie de notre travail en deux chapitres :

Chapitre Ier. — Règles relatives à la navigation du Congo.

Chapitre II. — Règles relatives à la navigation du Niger.

CHAPITRE PREMIER

RÈGLES RELATIVES A LA NAVIGATION DU CONGO

La Conférence avait reçu la mission d'appliquer au Congo et au Niger, les articles 108 à 116 de l'Acte final du Congrès de Vienne, ainsi que les dispositions contenues dans différents autres traités, qui, réunies, forment ce qu'on est convenu d'appeler le droit fluvial conventionnel (1). Voyons comment elle s'est acquittée de sa tâche, en ce qui concerne le Congo.

Division. — § 1. Liberté de navigation.
§ II. Etendue de cette liberté.
§ III. Garanties qui lui ont été données.

§ Ier. — Liberté de navigation.

La navigation du Congo est entièrement libre, à la condition de se conformer aux dispositions de l'Acte

Bibliographie : *Atlas* SCHRADER ; — *Atlas* VIDAL-LABLACHE ; — FAUCHILLE, *L'Annexion du Congo à la Belgique* (*Rev. de droit internat. public*, 1895, n° 4) ; — LANIER, *L'Afrique*, 1897. — *Livre jaune*, 1885 ; — *Le Tour du Monde*, 1886 ; — PILLET, *La Liberté de navigation du Niger* (*Rev. de droit internat. public*, 1896, n° 2).

(1) Voir notre introduction, et le rapport de M. DE LAMBERMONT annexé au protocole n° 5 (*Livre jaune*, p. 138).

général de Berlin, et aux règlements à établir en exécution de cet Acte (art. 13, § 1er). Elle ne sera assujettie à aucune entrave, ni redevance qui ne serait pas exactement stipulée dans l'Acte, et elle ne sera grevée d'aucune obligation d'échelle, d'étape, de dépôt, de rompre-charge ou de relâche forcée (art. 14, § 1er).

Dans toute l'étendue du bassin du Congo, les navires et les marchandises transitant sur le fleuve ne seront soumises à aucun droit de transit (1). Il ne sera établi aucun droit de péage maritime ni fluvial, basé sur le seul fait de la navigation, ni aucun droit sur les marchandises qui se trouvent à bord des navires (art. 14, § 3). Cet article 14 est en concordance complète avec l'article relatif à la liberté commerciale du bassin du Congo que nous reproduirons plus loin.

Cependant, comme il serait injuste que les riverains supportassent seuls le prix des travaux qu'ils exécuteraient pour les commodités de la navigation et que les navires qui en profiteraient ne payassent pas leur quote-part, on décida qu'ils pourraient être contraints à participer aux dépenses faites, en payant des taxes ou droits ayant le caractère de rétribution pour service rendu (art. 3 et 14). Ces droits seront uniformes pour tous et nullement différenciels. Ils seront officiellement publiés dans chaque port ; de plus ils pourront être revisés tous les cinq ans par les Puissances (2).

(1) Article 4.
(2) Cette dernière clause fut introduite grâce à une motion de l'Ambassadeur d'Italie.

Ces taxes se décomposent en :

1° Taxes de port pour l'usage effectif de certains établissements locaux, tels que quais, magasins, etc... Le tarif de ces taxes sera calculé sur les dépenses de construction et d'entretien de ces établissements.

2° Droits de pilotage sur les sections fluviales où il paraîtrait nécessaire de créer des stations de pilotes brevetés. Le tarif de ces droits sera fixé et proportionné au service rendu.

3° Droits destinés à couvrir les dépenses techniques et administratives faites dans l'intérêt général de la navigation, y compris les droits de phare, de fanal et de balisage. Les droits de cette dernière catégorie seront basés sur le tonnage des navires, tel qu'il résulte des papiers de bord et conformément aux règles adoptées pour le bas Danube (art. 14).

Outre ces droits qu'ils ont à acquitter, les navires sont encore soumis à l'observance des dispositions de l'Acte de navigation du Congo de 1885 et des règlements à établir en exécution de cet Acte (art. 13, § 1), ainsi qu'aux quarantaines d'usage. « Aux embouchures du Congo, il sera fondé, soit par l'initiative des puissances riveraines, soit par l'intervention de la Commission internationale, un établissement quarantenaire qui exercera le contrôle sur les bâtiments, tant à l'entrée qu'à la sortie. Il sera décidé plus tard, par les puissances, si et dans quelles conditions un contrôle sanitaire devra être exercé sur les bâtiments dans le cours de la navigation fluviale » (art. 24).

Ainsi, la navigation du Congo, sauf ces quelques restrictions que nous venons d'indiquer et qui, en somme, sont du droit commun, est bien libre.

§ II. — Etendue de la liberté de navigation du Congo.

Nous considérons l'étendue de la liberté de navigation du Congo, sous deux aspects différents :

A. A quelles eaux s'étend-elle ?

B. A quels navires s'applique-t-elle ?

A. A QUELLES EAUX S'ÉTEND CETTE LIBERTÉ DE NAVIGATION

Nous savons déjà que ce serait une grave erreur de croire que les plénipotentiaires réunis à Berlin aient voulu ouvrir au commerce seulement le fleuve même du Congo (1). Leur but fut plus vaste, car, après avoir défini ce qu'ils entendaient par bassin du Congo proprement dit, ils lui adjoignirent une quantité considérable de territoires situés sur l'Océan Atlantique et l'Océan Indien, et déclarèrent que là navigation serait entièrement libre sur toutes les eaux de cet immense bassin conventionnel. En effet, l'article 15, après avoir dit que les affluents du Congo seront à tous

____

(1) Voir *suprà*, première partie, chapitre III et carte n° 47, *Atlas* de SCHRADER.

les égards soumis aux mêmes règles que le fleuve dont ils sont tributaires, indique que le même régime sera appliqué aux fleuves et rivières, ainsi qu'aux lacs et canaux des territoires déterminés par l'article 1er, §§ 2 et 3. L'article 2 est encore plus explicite sur ce point : « Tous les pavillons, sans distinction de nationalité, auront libre accès à tout le littoral des territoires énumérés ci-dessus, aux rivières qui s'y déversent dans la mer, à toutes les eaux du Congo et de ses affluents, y compris les lacs, à tous les ports situés sur les bords de ses eaux, ainsi qu'à tous les canaux qui pourraient être creusés à l'avenir, dans le but de relier entre eux les cours d'eau ou les lacs compris dans toute l'étendue des territoires décrits à l'article premier. Ils pourront entreprendre toute espèce de transport et exercer le cabotage maritime et fluvial, ainsi que la batellerie sur le même pied que les nationaux ».

On ouvrait ainsi au trafic un nombre considérable de rivières navigables dont beaucoup sont plus grandes que nos fleuves européens et qui servent de déversoir à d'immenses lacs tels que les lacs Tanganyka, Moëro, Baugouelo, Léopold II et traversent une région si abondamment arrosée et pourvue d'eau que Livingstone l'a qualifiée « d'éponge (1) ».

Suivant l'Acte final de Vienne, les affluents d'un fleuve international n'étaient soumis aux lois qui pré-

(1) LANIER, L'Afrique, p. 730 : — GIRAUD, Les lacs de l'Afrique équatoriale (Tour du Monde, 1886).

sident à la navigation de ce fleuve, qu'autant qu'ils relevaient eux-mêmes de plusieurs Etats ; ce qui implique que les fleuves et les rivières entièrement nationaux ne sont pas ouverts à tous. « L'Acte de Berlin ne fait pas cette distinction, en ce qui concerne les affluents du Congo et du Niger. Tous, voire même les lacs et les canaux, sont ouverts au trafic général, dans les mêmes conditions que la voie principale à laquelle ils se relient (1).

Voilà donc une liberté pleine et entière ; la navigation va pouvoir s'exercer dans des conditions parfaites ! Mais, ce n'est pas tout ; on a étendu encore cette liberté aux moyens de communication terrestres : les routes et les chemins de fer seront soumis aux règles du droit fluvial conventionnel. C'est là une importante innovation, bien digne d'être enregistrée. « Les routes, chemins de fer ou canaux latéraux, dit l'article 16, qui pourront être établis dans le but spécial de suppléer à l'innavigabilité ou aux imperfections de la voie fluviale sur certaines sections du parcours du Congo, de ses affluents et des autres cours d'eau qui leur sont assimilés par l'article 15, seront considérés en leur qualité de moyens de communication, comme des dépendances de ce fleuve, et seront également ouverts au trafic de toutes les nations. De même que sur le fleuve, il ne pourra être perçu sur

(1) Rapport de M. Engelhardt (*Livre jaune*, p. 32).

ces routes, chemins de fer et canaux que des péages calculés sur les dépenses de construction, d'entretien et d'administration, et sur les bénéfices dûs aux entrepreneurs ».

Quelle est la nature de ce droit établi sur un territoire placé sous la souveraineté d'une Puissance, et sur des travaux d'art qu'elle effectuera ? Pendant les délibérations de la sous-commission chargée de rédiger les deux Actes de navigation, le représentant des États-Unis, M. Sanford, y voyant un droit de passage, prononça le mot de « servitude ». Plusieurs de ses collègues approuvèrent le mot ; mais ils ne se trouvèrent pas d'accord avec d'autres délégués, notamment celui du Portugal. Le débat resta sans conclusion, et la Conférence ne donna, à notre connaissance, aucune solution sur cette question intéressante (1). Nous nous rangeons à l'avis du représentant des États-Unis : il y a bien là un droit de passage, une servitude conférée par la Puissance sur le territoire duquel le trajet s'effectue ; et elle ne saurait prendre ombrage de ce mot « servitude », car si celle-ci a été établie, c'est avec son consentement. Le droit international public offre de nombreux exemples de ces servitudes conventionnelles (2).

Cette liberté si étendue, quand on envisage son

---

(1) Annexe au protocole n° 3, p. 142, et protocole n° 3, p. 128.

(2) La plus importante est celle conférée par la Grande Bretagne à la France, à Utrecht en 1713, sur le *French shore* de Terre-Neuve.

domaine géographique, ne l'est pas moins, si l'on considère la condition des navires auxquels elle s'applique.

B. — A quels navires s'applique cette liberté de navigation ?

Nous distinguerons les navires :

1° Quant à leur nationalité ;

2° Quant à leur nature.

1° *Nationalité des navires.*

Aucune restriction n'est apportée à la liberté de navigation ; tous les navires, qu'ils portent le pavillon bleu à étoile d'or de l'Etat indépendant du Congo, le pavillon tricolore français, le pavillon bleu et blanc portugais, tous trois appartenant à des riverains, ou bien le pavillon d'une nation non riveraine, signataire ou non de l'Acte de Berlin, tous ces navires ont un accès égal aux eaux du Congo. « Dans l'exercice de cette navigation, les sujets et les pavillons de toutes les nations seront traités, sous tous les rapports, sur le pied d'une parfaite égalité, tant pour la navigation directe de la pleine mer pour les ports intérieurs du Congo, et vice-versa, que pour le grand et pour le petit cabotage, ainsi que pour la batellerie, sur le parcours de ce fleuve (1). En conséquence, sur le parcours et

(1) Le grand cabotage a lieu généralement entre les ports d'Etats riverains différents ; le petit cabotage entre les ports d'un même Etat. En

aux embouchures du Congo, il ne sera fait aucune distinction entre les sujets des Etats riverains et ceux des non riverains, et il ne sera concédé aucun privilège exclusif de navigation, soit à des sociétés ou corporations quelconques, soit à des particuliers » (art. 13, § 2, 3).

Tout navire n'aura qu'à se conformer à l'Acte de navigation et aux règlements, (art. 13, § 1), et à payer les taxes égales pour tous, autorisées (art. 14 et 16). La question se présenta de savoir si les tribus indigènes qui ont conservé leur indépendance, devaient également payer pour leurs embarcations ou bateaux, les taxes exigées ? A cette demande formulée par le Ministre des Etats-Unis, M. de Lambermont répondit : « Il n'est pas douteux que les droits des peuples ou des Etats indigènes devront être respectés en cette matière comme en toute autre. Mais en dehors des limites de leur territoire, les bateliers indigènes sont comme tous les autres, soumis au régime du pays où ils naviguent (1) ».

2° Nature des navires.

Nous examinerons à part :
a). Les bâtiments de commerce ;
b). Les navires de guerre.

---

autorisant l'un et l'autre, on voulait éviter les difficultés qui s'étaient présentées à ce sujet lors de l'application du Traité de 1856 au Danube.

(1) Annexe au protocole n° 5 (Livre jaune, p. 141).

a). **Bâtiments de commerce.**

Pour ceux-ci, aucune entrave n'est apportée à leur faculté de naviguer sur les eaux du Congo et de ses affluents. Reproduisons l'article premier déjà cité : « La navigation du Congo, sans exception d'aucun des embranchements ni issues de ce fleuves, est et demeurera entièrement libre pour les navires marchands, en charge ou sur lest... tant pour le transport des marchandises que pour celui des voyageurs ». Mais le trafic de certaines marchandises reste probibé ; c'est celui de la contrebande de guerre (1) (art. 25, § 3). Cette prescription était indispensable, si l'on voulait que la neutralité accordée au fleuve, fût réellement complète et efficace.

b). **Navires de guerre.**

Le Congo est ouvert aux bâtiments de guerre des Etats étrangers. Article 22 : « Les bâtiments de guerre des Puissances signataires du présent Acte qui pénètrent dans le Congo, sont exempts du paiement des droits de navigation prévus au paragraphe 3 de l'article 4 ; mais ils acquitteront des droits éventuels de pilotage, ainsi que des droits de port.... à moins

----

(1) L'Angleterre déclara que pour elle, la houille était contrebande de guerre, la Russie dit que pour elle, elle ne l'était pas ; protocole n° 5 (*Livre jaune*, p. 129, 130).

que leur intervention n'ait été réclamée par la Commission internationale ou ses agents ». En effet, la Commission internationale dont nous reparlerons plus loin, a le droit de « recourir dans l'accomplissement de sa tâche aux bâtiments de guerre des Puissances signataires de l'Acte de Berlin, et de celles qui y accèderont à l'avenir ».

Permettre à des navires de guerre de pénétrer aussi librement dans les eaux fluviales étrangères, c'est là une innovation, et semblable clause n'était pas contenue dans les traités précédents. Seul celui du 30 mars 1856 contient une disposition de ce genre, mais elle est exceptionnelle. « Afin d'assurer l'exécution des règlements qui auront été arrêtés d'un commun accord, d'après les principes ci-dessus énoncés, chacune des Puissances contractantes, aura le droit de faire stationner en tout temps, deux bâtiments légers aux embouchures du Danube ». (art. 19).

Remarquons maintenant que l'Acte de Berlin ne parle que des « bâtiments de guerre des Puissances signataires » afin de les exempter de droits ou de leur ordonner de prêter leur appui à la Commission internationale. D'autres navires de guerre, c'est-à-dire des navires de guerre appartenant à des Puissances non signataires, peuvent-ils pénétrer dans le Congo ? Il nous semble que oui, aucun texte ne le leur interdisant (1) ;

____

(1) On pourrait cependant objecter que les Conventions n'ont d'effet qu'entre les parties contractantes (C. civ. 1165), et que les Puissances non

seulement ils auront à acquitter les droits qu'auraient eu à payer à leur place des navires marchands appartenant à leur nationalité, et ils ne pourront être requis de fournir appui à la Commission internationale.

Il n'est pas sans intérêt d'examiner ici, quelles ont été les raisons qui ont amené les Puissance à admettre les bâtiments de guerre dans les eaux du Congo. Cette étude nous sera d'autant plus utile, qu'elle nous servira plus tard (1) à résoudre une question brûlante : celle de savoir si les navires de guerre peuvent pénétrer dans les eaux du Niger ? Pour le Congo, cette question ne se pose même pas, car nous l'avons vu, les articles 21 et 22 sont formels.

On peut ramener à trois les raisons qui expliquent cette faculté accordée aux navires de guerre étrangers. La première est la nécessité dans laquelle on se trouvait de protéger les commerçants, les factoreries ou les navires contre les entreprises des pirates, ou dans les conflits avec les indigènes (2). Dans ces contrées où aucun État vraiment digne de ce nom n'était fondé au commencement de 1885 (3) et où aucun gouvernement européen n'était encore parvenu à établir solidement sa puissance coloniale, il n'y avait pas de police

signataires ne peuvent se prévaloir des dispositions d'un traité à la rédaction duquel elles n'ont pris aucune part.

(1) Deuxième partie, chapitre II, § 2.

(2) Rapport de M. DE LAMBERMONT, Annexe au protocole n° 5 (*Livre jaune*, p. 146) ; — Sir TRAWERS TWIS, *La Liberté de navigation du Congo* (*Rev. de droit internat.*, 1883, n° 5, p. 437).

(3) L'Association internationale africaine était alors à ses débuts.

organisée ; la voie d'eau était la seule possible pour faire pénétrer les forces suffisantes pour défendre les Européens et leurs biens.

Une autre raison, est que la Conférence a désiré l'internationalisation complète du Congo, avec toutes ses conséquences : ouvrir le fleuve à tous les navires, à tous les pavillons, tel a été son but, et elle n'a pas voulu qu'il fût rendu vain, en interdisant les eaux fluviales aux bâtiments d'un État.

La dernière raison enfin, est que le Congo a été neutralisé ; par conséquent défense est faite de se livrer à des actes d'hostilité sur ses eaux. Il n'y avait donc aucun inconvénient à admettre des navires de guerre, même belligérants, puisque ceux-ci sont condamnés à l'inaction.

Comme nous venons de le voir, il semble impossible d'admettre que l'application du principe de liberté de navigation pût être plus étendue que pour le Congo. Mais il ne suffit pas d'établir un principe avec ses conséquences, il faut encore lui accorder des garanties. C'est aussi ce que fit la Conférence de Berlin pour la liberté de navigation du Congo.

§ III. — Garanties accordées à la liberté de navigation du Congo.

Ces garanties sont au nombre de deux :

A. La neutralisation ;

B. L'institution d'une Commission internationale.

A. — LA NEUTRALISATION.

L'idée de neutraliser le Congo avait été déjà émise à plusieurs reprises (1), avant la Conférence de Berlin, par différents jurisconsultes, notamment sir Travers Twiss (2). L'Allemagne la reprit : « Pour que les principes adoptés à l'unanimité portent les fruits que nous nous en promettons, dit M. Busch (3), il faudrait, dans l'opinion du Gouvernement allemand, les couvrir d'une garantie supplémentaire propre à encourager les entreprises du commerce, en leur assurant la protection du droit international contre les dangers de la guerre dont elles pourraient être menacées. Cette garantie consisterait dans un engagement mutuel que prendraient les Puissances de renoncer à étendre, en temps de guerre, leurs hostilités aux territoires formant le bassin commercial du Congo ». Au cours des travaux de la Conférence, M. Kasson, ministre des Etats-Unis, soutint vivement cette idée de neutralisation et déposa même un projet de déclaration à l'appui (4). Mais la lutte fut assez difficile, car quelques Etats se montraient hostiles. « Certains doutes, quant à la portée pratique des termes de neu-

----

(1) *Suprà*, première partie, chapitre II, § 3.

(2) *La Liberté de navigation du Congo* (*Rev. de droit internat.*, 1883, nᵒ 5, p. 438).

(3) Protocole nᵒ 6 (*Livre jaune*, p. 189).

(4) Protocole nᵒ 9 (*Livre jaune*, p. 231).

tralité et de neutralisation appliqués à ces territoires, le souci du respect de la souveraineté des États, les incertitudes même qui subsistaient alors sur la distribution future des contrées du bassin du Congo, avaient empêché une entente de s'établir sur une formule qui satisfît à toutes les exigences » (1).

Une Commission d'étude présidée par le baron de Courcel fut chargée de présenter un rapport sur la question (2). Dans l'avant-dernière séance de la Conférence, la formule fut trouvée et la neutralisation accordée. Pour le bassin du Congo, elle fait l'objet des articles 10 et 11 ; pour le Congo même, elle est contenue dans l'article 25 ainsi conçu : « Les dispositions du présent Acte de navigation, demeureront en vigueur en temps de guerre. En conséquence, la navigation de toutes les nations, neutres et belligérantes, sera libre, en tout temps, pour les usages du commerce sur le Congo, ses embranchements, ses affluents et ses embouchures, ainsi que sur la mer territoriale faisant face aux embouchures de ce fleuve. Le trafic demeurera également libre, malgré l'état de guerre, sur les routes, chemins de fer, lacs et canaux mentionnés dans les articles 15 et 16. Il ne sera apporté d'exception à ce principe qu'en ce qui concerne le transport des objets destinés à un belligérant et considérés, en vertu du droit des gens, comme

____

(1) Annexe III au protocole n° 9, p. 274.
(2) Annexe III au protocole n° 9 (*Livre jaune*, p. 273).

articles de contrebande de guerre. Tous les ouvrages et établissements créés en exécution du présent Acte, notamment les bureaux de perception et leurs caisses, de même que le personnel attaché d'une manière permanente au service de ces établissements, seront placés sous le régime de la neutralité et, à ce titre, seront respectés et protégés par les belligérants ». Il s'ensuit que les bâtiments commerciaux des puissances belligérantes, sans avoir besoin de s'abriter sous un pavillon neutre, s'ils ne portent pas de contrebande de guerre, sont inviolables au même titre que la propriété privée dans les guerres continentales (1).

Cette garantie de neutralité fut rendue encore plus efficace par l'adhésion à l'Acte de Berlin de l'Etat indépendant du Congo, qui occupe la presque totalité du bassin du Congo. Cet Etat est placé, ainsi que la Belgique avec laquelle il est uni par les liens d'une union personnelle, sous le régime de la neutralité perpétuelle (2) ; mentionnons ici en passant, que la neutralité de l'Etat du Congo n'a pas été garantie par les Puissances, tandis que celles-ci se sont engagées à respecter et à faire respecter la neutralité de la Belgique. Cette neutralisation intéresse aussi la France dont la colonie

(1) Bry, *Droit international public*, p. 156.

(2) Fauchille, *L'Annexion du Congo à la Belgique* (*Rev. de droit international public*, 1895, n° 4, p. 427). — « Dans les contrées mentionnées à l'article 1er (bassin conventionnel du Congo), .. les hautes Parties signataires du présent Acte et celles qui y adhéreront par la suite, s'engagent à respecter la neutralité des territoires ou parties de territoires dépendant desdites contrées » (art. 10).

du Congo se trouve riveraine du Congo et de l'Oubanghi, affluent considérable de droite ; aucun acte d'hostilité, excepté le droit de visite exercé sur les navires portant de la contrebande de guerre, ne pourra avoir lieu sur ces cours d'eau et leurs affluents, même en territoire français. Quant à nos ports de l'Atlantique, ils restent presque tous soumis au droit commun, sauf cependant le port de Loango, le seul important qui soit compris dans la zone neutralisée du bassin conventionnel du Congo.

Les Puissances qui venaient avec un esprit si libéral de neutraliser tout le centre de l'Afrique, résolurent aussi de rendre le plus rare possible, et même de les supprimer, les causes de guerre qui pourraient naître entre elles dans ces régions : « Dans le cas où un dissentiment sérieux, ayant pris naissance au sujet ou dans les limites des territoires mentionnés à l'article 1er et placés sous le régime de la liberté commerciale, viendrait à s'élever entre les puissances signataires du présent acte ou des puissances qui y adhéreraient par la suite, ces puissances s'engagent, avant d'en appeler aux armes, à recourir à la médiation d'une ou plusieurs puissances amies. Pour le même cas, les mêmes puissances se réservent le recours facultif à la procédure de l'arbitrage (art. 12) ».

Voilà une clause de médiation forcée et d'arbitrage facultatif ; ce n'est pas la première tentative de ce genre, car, lors des discussions qui accompagnèrent la rédaction du Traité de Paris du 30 mars 1856, les Puissances émirent le vœu, de recourir aux bons offices d'une Puissance amie, avant d'en venir aux mains, au sujet d'un conflit qui pourrait surgir à propos de la question d'Orient. Ce vœu est connu sous le nom de 23e protocole.

B. — INSTITUTION D'UNE COMMISSION INTERNATIONALE.

L'idée de confier la surveillance de la navigation d'un fleuve à une Commission internationale, date du Traité de Paris de 1856 (art. 16). Les traités antérieurs applicables à différents fleuves internationaux, parlent bien d'instituer des Commissions, mais des Commissions composées des représentants des Etats riverains. La Commission européenne du Danube donna d'excellents résultats ; la meilleure des preuves est celle-ci : bien que créée à l'origine pour deux ans, elle fonctionne encore aujourd'hui avec des pouvoirs qui ont été considérablement agrandis. Ce succès encouragea les Puissances assemblées à Berlin, à renouveler l'expérience de 1856. L'Acte général, art. 17, ordonne la création d'une Commission internationale : « Il est institué une Commission internationale chargée d'assurer l'exécution des dispositions du présent acte de navigation ». C'est cette Commission que nous allons précisément étudier maintenant.

Nous examinerons :

I. Sa composition.

II. Ses attributions.

I. *Composition de la Commission internationale.*

La Commission internationale se compose de délégués nommés par les Puissances signataires qui ont la faculté, mais non l'obligation de s'y faire représenter; elles resteront juges du moment où il leur conviendra de le faire, et leurs délégués, quelle que soit l'époque de leur nomination, seront traités sur le même pied que leurs collègues plus anciens (1). Chaque Puissance ne peut avoir qu'un délégué et chacun d'eux ne peut disposer que d'une voix, même dans le cas où il représente plusieurs gouvernements. Il sera directement rétribué par son gouvernement (art. 17, §§ 2 et 3).

Outre ces délégués des Puissances, qui sont investis du privilège de l'inviolabilité dans l'exercice de leurs fonctions, la Commission aura des agents et des employés nommés par elle, chargés d'assurer le service. Et pour prévenir les abus qui pourraient naître de l'exagération des traitements ou du nombre excessif des agents et des employés de la Commission, l'Acte général décide que « les chiffres desdits traitements et allocations, ainsi que le nombre, le grade et les attri-

____

(1) Rapport de M. DE LAMBERMONT, annexe au protocole n° 5, p. 143.

butions des agents et employés, seront inscrits dans le compte-rendu qui sera adressé chaque année aux gouvernements représentés dans la Commission internationale » (art. 17 *in fine*). Sage mesure destinée à enrayer les abus du fonctionnarisme. Ces agents et ces employés sont payés au moyen de prélèvements imputés sur le produit des droits perçus conformément à l'article 14, §§ 2 et 3.

Afin qu'il ne soit pas permis à une Puissance d'entraver le bon fonctionnement de la Commission en exerçant des actes de violence ou de contrainte sur ceux qui la composent, on leur conféra l'immunité diplomatique, article 18 : « Les membres de la Commission internationale, ainsi que les agents nommés par elle, sont investis du privilège de l'inviolabilité dans l'exercice de leurs fonctions. La même garantie s'étendra aux offices, bureaux et archives de la Commission ».

II. *Attributions de la Commission internationale.*

Ces attributions peuvent se grouper sous quatre chefs principaux :

a). Attributions législatives.

b). Attributions exécutives.

c). Attributions administratives.

d). Attributions judiciaires.

a). **Attributions législatives.**

La Commission est chargée d'élaborer des règlements de navigation, de police fluviale, de pilotage et de quarantaine (article 19, § 2). On peut la comparer à ce point de vue, à la Commission européenne du Danube dont le rôle est identique. C'est aussi elle qui doit fixer le tarif du pilotage et le tarif général des droits de navigation prévus par l'article 14, §§ 2 et 3. Afin d'éviter tout arbitraire de sa part, ces règlements ainsi que les tarifs à établir avant d'être mis en vigueur, seront soumis à l'approbation des Puissances représentées à la Commission (art. 19, § 3), et tous les cinq ans, il leur appartiendra de les réviser, s'il y a lieu, d'un commun accord (art. 14 *in fine*).

b). **Attributions exécutives**

La Commission internationale doit assurer l'exécution de l'Acte de navigation (art. 17, § 1), des règlements de navigation, de police fluviale, de pilotage et de quarantaine, ainsi que celle des tarifs qu'elle édicte (art. 20, 2°). Elle doit désigner et faire exécuter les travaux propres à assurer la navigabilité du Congo, selon les besoins du commerce international. Sur les sections du fleuve où aucune Puissance n'exercera des droits de souveraineté, elle prendra elle-même des mesures nécessaires pour assurer la navigabilité du fleuve. Sur les sections du fleuve occupées par une Puissance souveraine, la Commission s'entendra avec l'autorité riveraine (art. 20 1°). Il y a là une distinction entre le rôle de la Commission dans le cas où aucune Puissance n'exerce le droit de souveraineté sur un territoire, et le rôle de cette Commission dans le cas contraire, qui est très importante.

Elle est en outre chargée de faire exécuter les décisions judiciaires qu'elle peut être appelée à rendre en cas d'infraction aux règles régissant la navigation du Congo.

Ainsi la Commission internationale doit veiller à la liberté de navigation dans le bassin du Congo ; c'est là son rôle principal ; mais elle en a aussi un autre, qui peut surprendre davantage : elle peut être appelée à veiller à l'application de l'Acte général de Berlin tout entier, qui contient des dispositions absolument étrangères à la navigation, telles que celles relatives à la traite des noirs, à la protection des indigènes, des missionnaires, des voyageurs, etc... « Dans toutes les parties du territoire visé dans la présente déclaration où aucune Puissance n'exercerait des droits de souveraineté ou de protectorat, la Commission internationale de la navigation du Congo, instituée en vertu de l'art. 17, sera chargée de surveiller l'application des principes proclamés et consacrés par cette déclaration » (art. 8). Voilà bien qui suffirait à faire appliquer à cette Commission l'épithète de souveraine (1) ; mais

_____

(1) Voir à propos de l'épithète de souveraine appliquée à la Commission

il ne faudrait pas abuser de ce dernier mot, car une distinction s'impose. La Commission internationale est souveraine dans les parties de territoire où aucune Puissance n'exerce de droit de souveraineté ou de protectorat ; elle est seulement une personne du droit des gens dans les autres territoires. Cette distinction a moins d'importance aujourd'hui qu'en 1885. Pour s'en rendre compte, il suffit de jeter les yeux sur une carte d'Afrique de cette époque, et sur une même carte datant de ces dernières années. On verra qu'en 1885, le bassin du Congo était presque entièrement entre les mains de tribus indépendantes non organisées en Etat régulier, et qu'aujourd'hui, l'Etat indépendant du Congo, la France, le Portugal, l'Allemagne, la Grande-Bretagne ont pris leur place, et seraient peu disposées à céder des attributs de leur souveraineté à une Commission, surtout internationale.

c). **Attributions administratives.**

Ce sont les plus importantes de toutes celles qui lui ont été confiées. Elles s'étendent sur tout le Congo, ses affluents, ses dépendances, les routes, chemins de fer ou canaux latéraux qui peuvent être établis dans le but de suppléer à l'innavigabilité ou aux imperfections de la voie fluviale, car ceux-ci « seront considérés,

européenne du Danube, les observations présentées à Berlin en 1885 par MM. Karnist (Russie), Széchényi (Autriche) et Busch (Allemagne). Protocole n° 5 (*Livre jaune*, p. 122, 123).

en leur qualité de moyens de communication, comme des dépendances de ce fleuve » (art. 16). Elle doit assurer les services de pilotage, de drainage, d'éclairage des passes, l'entretien des bouées, des quais, entrepôts, magasins (art. 20, 4°).

Parmi ses attributions administratives, on peut ranger ses attributions financières : elle doit percevoir les taxes émises en vertu de l'article 14, § 3, et pourvoir à l'administration de ses revenus. Dans le but de subvenir aux dépenses techniques et administratives qui lui incombent, dans le cas où ses revenus ne lui suffiraient pas, elle pourra négocier en son nom des emprunts exclusivement gagés sur les revenus qui lui sont attribués (art. 23).

Pour assurer la bonne administration de la Commission internationale, même en temps de guerre, on a placé ses bureaux de perception et ses caisses sous le régime de la neutralité (art. 25 *in fine*).

d). **Attributions judiciaires.**

Les agents de la Commission ont le droit de réprimer les infractions à ses règlements, sur les territoires où elle exercera directement son autorité (art. 19, § 4). Pour prévenir tout arbitraire de la part de ces agents, la suite de l'article 19 indique la procédure à suivre par le demandeur qui se prétendra lésé, procédure qui aboutit à un appel interjeté devant la Commission, appel non en dernier ressort, puisque la question pourra encore être réglée par la voie diplomatique.

Telles sont les attributions législatives, exécutives, administratives et judiciaires de la Commission internationale ; mais il ne suffisait pas seulement de l'en investir, il fallait encore lui donner la force nécessaire pour les exercer ; c'est ce que l'on fit en lui permettant de recourir aux bâtiments des États étrangers. « Dans l'accomplissement de sa tâche, la Commission internationale pourra recourir, au besoin, aux bâtiments de guerre des puissances signataires de cet acte et de celles qui y accéderont à l'avenir, sous toute réserve des instructions qui pourraient être données aux commandants de ces bâtiments par leurs gouvernements respectifs » (art. 21).

CHAPITRE II

RÈGLES RELATIVES A LA NAVIGATION DU « NIGER ».

Nous avons déja dit précédemment que, dans la pensée des promoteurs de la Conférence, les règles relatives à la navigation du Niger, auraient dû être les mêmes que pour le Congo. Nous ne reviendrons plus sur cette idée ; mais nous insisterons sur les arguments qui furent fournis par sir Edward Malet, en faveur de la disjonction des deux projets d'Actes (1). « L'établissement d'une Commission sur ce fleuve (le Niger), est regardé par nous comme étant impraticable. Le fleuve, même sur la plus grande partie de son parcours, est insuffisamment exploré, mais on sait qu'il est divisé géographiquement en trois sections, dont la supérieure n'a aucune communication avec l'inférieure, laquelle, en s'approchant de la mer, se disperse dans un réseau d'embouchures.

« Le commerce de l'intérieur se trouve, pour la plu-

Bibliographie : Duchène, *Le droit de navigation dans le Niger* (*Rev. de droit internat. public,* 1895, n° 4, p. 439. — *Livre jaune,* 1885, *Affaires du Congo et de l'Afrique occidentale ;* — Orban, *Le droit fluvial international,* p. 313 ; — Pillet, *La liberté de navigation du Niger* (*Rev. de droit internat. public,* 1896, n° 2, p. 190).

(1) Protocole n° 5 (*Livre jaune,* p. 63).

part, entre les mains des tribus de la côte qui se font
intermédiaires et qui, ayant un vif égard pour
leurs intérêts, sont difficiles à ménager et à contrôler...
Le commerce est entièrement entre les mains britanniques, et les tribus les plus importantes, après avoir
regardé les agents de ce pays, pendant de longues
années, comme leurs protecteurs et leurs conseillers,
ont maintenant, par suite de leurs demandes urgentes
et répétées, été placées officiellement sous le protectorat
de la Grande-Bretagne. Cette situation entraîne, d'une
manière impérative, une différence dans l'application
des principes du Congrès de Vienne. La ligne de côte
et le cours inférieur du fleuve sont suffisamment sous
contrôle, pour que le gouvernement de S. M. britannique puisse en régulariser la navigation, tout en se
tenant lié au principe de la libre navigation par une
déclaration formelle ».

Etranges paroles auxquelles on ajouta foi, à cette
époque où le Niger était insuffisamment exploré (1).
On crut les assertions de la Grande-Bretagne et on fit
un Acte de navigation pour le Niger qui était très
favorable à celle-ci, car, possédant les embouchures,
elle commande le fleuve. La première victime en fut
la France, comme l'ont prouvé des incidents récents
que nous relaterons dans notre troisième partie.

______

(1) La première exploration non anglaise du cours entier du Niger,
date de 1894-1895 ; elle fut faite par le capitaine Toutée. *Infrà*, dans notre
troisième partie.

Pour plus de commodité dans l'exposition, nous emploierons le plan que nous avons suivi pour étudier les règles relatives à la navigation du Congo.

Division. — §   I. Liberté de navigation.
§ II. Etendue de cette liberté.
§ III. Garanties.

§ 1. — Liberté de navigation du Niger.

L'article 26 reproduit mot pour mot l'article 13 relatif à la navigation du Congo. « La navigation du Niger, sans exception d'aucun des embranchements ni issues de ce fleuve, est et demeurera entièrement libre pour les navires marchands en charge ou sur lest, de toutes les nations, tant pour le transport des marchandises que pour celui des voyageurs. Elle devra se conformer aux dispositions du présent Acte de navigation et aux règlements à établir en exécution du même Acte.... Ces dispositions sont reconnues par les Puissances signataires comme faisant désormais partie du droit public international » (art. 26, §§ 1 et 4). La navigation est exempte de tous droits, sauf cependant ceux dont la perception représenterait la compensation d'un service rendu. « La navigation du Niger ne pourra être assujettie à aucune entrave ni redevance basée uniquement sur le fait de la navigation. Elle ne subira aucune obligation d'échelle, d'étape, de dépôt, de rompre-charge ou de relâche forcée. Dans toute l'étendue du Niger, les navires et les marchandises transitant sur le fleuve ne seront soumis à aucun droit de transit, quelle que soit leur provenance ou leur destination. Il ne sera établi aucun péage maritime ni fluvial basé sur le seul fait de la navigation, ni aucun droit sur les marchandises qui se trouvent à bord des navires. Pourront seuls être perçus des taxes ou droits qui auront le caractère de rétribution pour services rendus à la navigation même. Les tarifs de ces taxes ou droits ne comporteront aucun traitement différentiel » (art. 27).

§ II. — Etendue de la liberté de navigation du Niger.

Nous considérons l'étendue de cette liberté sous deux aspects différents :

A. A quelles eaux s'étend-elle ?

B. A quels navires s'applique-t-elle ?

A. — A QUELLES EAUX S'ÉTEND-ELLE ?

Le bassin du Niger est moins étendu géographiquement que celui du Congo; de plus, la Conférence de Berlin n'a pas jugé opportun de lui adjoindre d'autres territoires et de fixer un bassin conventionnel plus étendu que le bassin naturel. L'article 26 parle de « la navigation du Niger, sans exception des embranchements ni issues de ce fleuve », et l'article 28 ajoute : « Les affluents du Niger seront à tous égards soumis au même régime que le fleuve dont ils sont tributaires ».

On a également appliqué aux moyens de communication complémentaires, le régime de liberté attaché au fleuve même. « Les routes, chemins de fer ou canaux latéraux qui pourront être établis dans le but spécial de suppléer à l'innavigabilité ou aux imperfections de la voie fluviale sur certaines sections du parcours du Niger, de ses affluents, embranchements ou issues seront considérées, en leur qualité de moyens de communication, comme des dépendances de ce fleuve et seront également ouverts au trafic de toutes les nations. De même que sur le fleuve, il ne pourra être perçu sur ces routes, chemins de fer et canaux, que des péages calculés sur les dépenses de construction, d'entretien et d'administration et sur les bénéfices dûs aux entrepreneurs. Quant aux taux de ces péages, les étrangers et les nationaux des territoires respectifs seront traités sur le pied d'une parfaite égalité » (art. 27).

B. — A QUELS NAVIRES S'APPLIQUE LA LIBERTÉ DE NAVIGATION ?

Nous distinguerons les navires :
1° Quant à leur nationalité ;
2° Quant à leur nature.

1° *Nationalité des navires.*

Tous, sans distinction de pavillon, sont admis, que l'Etat dont ils portent les couleurs ait pris part à la conférence de Berlin, y ait adhéré dans la suite, ou y soit resté toujours étranger. « La navigation du Niger est et demeurera libre.... pour toutes les nations.... Dans l'exercice de cette navigation, les sujets et les nations seront traités, sous tous les rapports, sur le pied d'une parfaite égalité... Il ne sera fait aucune distinction entre les sujets des Etats riverains et ceux des non-riverains » (art. 26) .

2° *Nature des navires.*

Nous examinerons à part :
a). Les bâtiments de commerce ;
b). Les navires de guerre.

a). **Bâtiments de commerce.**

Les bâtiments marchands, en charge ou sur lest, tant pour le transport des marchandises que pour celui des voyageurs, pourront circuler librement de la pleine mer aux ports intérieurs du Niger et vice versa ; ils pourront se livrer au grand ou au petit cabotage, ainsi qu'à la batellerie (art. 26). Réserve est faite

comme pour le Congo, au sujet des navires transpor-
tant de la contrebande de guerre (art. 33, § 3).

b). **Navires de guerre.**

Sur ce sujet, l'Acte du Congo, nous l'avons constaté,
est formel ; il leur permet de pénétrer dans les eaux
de ce fleuve (art. 21 et 22). L'Acte du Niger l'est
moins, car dans sa rédaction, pas une seule allusion
n'est faite à ces navires.

Que faut-il en conclure ?

Faut-il dire que ce fleuve leur est fermé ?

Faut-il au contraire soutenir qu'il leur est ouvert ?

La question est embarrassante, vu l'absence complète de textes officiels et de délibérations sur ce sujet
dans les protocoles de la Conférence de Berlin. On ne
peut que regretter que les plénipotentiaires de Berlin
ne se soient pas montrés plus explicites sur ce point.
Nous allons examiner chacune des deux opinions soutenues, et nous verrons celle à laquelle nous devrons
nous rallier.

Première opinion. — Le Niger est fermé aux
navires de guerre.

Ceci c'est la thèse des Anglais (1) ; ajoutons tout
de suite qu'elle n'est pas partagée sur le continent.
Voici les arguments fournis par eux :

(1) Leur porte-parole était la Royal Niger Company qui commandait
tout le territoire du Bas-Niger.

a). L'Acte du Niger, disent-ils, ne contient aucune mention relative aux bâtiments de guerre ; or, une pareille atteinte à la souveraineté territoriale, aurait dû être exprimée formellement, et avec le consentement des intéressés ; cela n'a pas été fait.

b). La rédaction de l'Acte du Niger a été inspirée par la pensée d'appliquer à ce fleuve les règles du droit fluvial conventionnel résultant des traités antérieurs, et particulièrement celles contenues dans le Traité de Vienne de 1815 ; or, aucun de ces traités ne parle de l'accès de fleuves internationaux aux bâtiments de guerre étrangers. Un seul le fait, le Traité de Paris de 1856, mais par une clause formelle et seulement à titre d'exception, dans l'article 19.

c). L'Angleterre a, dès le début, de la Conférence nettement montré qu'elle voulait que l'on rédigeât deux Actes distincts, ainsi que le prouve le discours de sir Edward Malet.

Ajoutons à ces trois arguments qui semblent solides, que l'Angleterre aurait pu en ajouter un quatrième, celui fourni par sir Edward Malet lui-même à la Conférence : à savoir que le Niger est divisé en trois parties sans aucune communication entre elles (1), que le fleuve devenait innavigable à peu de distance en amont de ses embouchures, et que, par conséquent, les navires de guerre étaient dans l'impossibilité de remonter le

---

(1) Protocole n° 1 (*Livre jaune*, p. 163).

Niger. Or, les explorations les plus récentes ont démontré combien cette assertion était erronée (1).

Deuxième opinion. — Le Niger est ouvert aux navires de guerre (2).

Cette opinion est la nôtre.

Commençons par réfuter les trois arguments fournis par l'Angleterre.

a). Certainement, il aurait fallu un texte pour indiquer que le Niger était accessible aux navires de guerre ; mais il ne faut pas oublier que l'Acte de navigation qui lui est applicable, reproduit mot à mot celui du Congo ; quand les dispositions sont différentes, elles sont indiquées formellement : il en est ainsi, par exemple, pour la Commission internationale qui est remplacée par des engagements de la Grande-Bretagne et de la France d'appliquer au Niger les termes de l'Acte de Berlin. De plus, faut-il arguer de l'absence d'une disposition, que celle-ci ne peut être applicable au Niger ? N'avons-nous pas vu que l'artricle 27 mentionne seulement en termes généraux les droits que l'on peut percevoir sur le Niger, tandis que l'article 14, parlant de ceux applicables sur le Congo, les énumère longuement dans trois paragraphes. Or, l'Angleterre a-t-elle jamais songé à protester contre le

(1) *Infrà*, troisième partie, chapitre II, §§ 1 et 2.

(2) Duchêne. *Rev. de droit internat. public*, 1895, n° 4, p. 439 ; — Pillet, *Rev. de droit internat. public*, 1896, n° 2, p. 190 ; — Orban, *Le droit fluvial international*, p. 313.

laconisme de l'article 27 et a-t-elle jamais négligé de percevoir ces droits, sous prétexte que les termes du Traité qui l'autorisaient à le faire, avaient été conçus en termes pas assez précis?

b). Les traités antérieurs à celui de Berlin, ne parlent pas, il est vrai, de l'accès de navires de guerre dans les eaux des fleuves internationaux ; mais il ne faut pas oublier que la situation des fleuves européens est bien différente de celle des fleuves africains. Ces derniers, traversant des contrées désertes, toujours inhospitalières et quelquefois même peuplées de tribus hostiles et anthropophages, peuvent avoir un régime différent. Sans doute, ce n'est pas avec des canons que l'on civilise les sauvages ; mais l'appui d'un croiseur n'est pas à dédaigner. Il protègera les établissements de commerce ou industriels, les voyageurs, les explorateurs, les missionnaires qui sont à terre. Ne voit-on pas tous les jours qu'en des contrées dont les habitants se glorifient d'une civilisation plus antique que la nôtre, les étrangers sont périodiquement massacrés et leurs établissements pillés et incendiés ; si bien que l'on est obligé de recourir à des croisières européennes. L'Angleterre, cependant, n'a jamais protesté contre cette dernière manière d'agir, et elle en use largement.

En ne permettant pas à nos navires de guerre de remonter le Niger, elle peut entraver l'exercice de la souveraineté française dans le haut fleuve et mettre nos missions à la merci des Maures, des Touaregs ou des Toucouleurs, car bien souvent nous ne pourrons avoir d'autres moyens de nous défendre et de nous ravitailler que par le fleuve même.

Cette pensée de protection a bien été, comme nous l'avons montré plus haut, une de celles qui ont déterminé la Conférence à admettre les navires de guerre sur le Congo, ainsi que le prouve le rapport de M. de Lambermont (1). Pourquoi n'aurait-on pas le même droit de protéger les Européens établis sur le Niger ? Les territoires arrosés par ce dernier, sont-ils plus sûrs ? Jusqu'à présent, tous les événements ont prouvé le contraire.

c). L'Angleterre a certainement manifesté qu'elle voulait que l'on rédigeât deux Actes différents ; mais comme cause de cette disjonction, elle n'a indiqué que celle résultant de l'impossibilité d'établir sur le Niger une Commission internationale. Quant à la crainte de voir des navires de guerre étrangers sur son territoire, elle n'en parle même pas.

En faveur de notre opinion, on peut fournir encore un argument de texte indiqué par M. Pillet (2). C'est l'article 33 ainsi conçu : « Il ne sera apporté d'exception à ce principe (celui de la liberté de navigation) qu'en ce qui concerne le transport des objets destinés

---

(1) Annexe au protocole n° 5, p. 146.
(2) PILLET, *La liberté de navigation du Niger* (*Rev. de droit internat. public*, 1896, n° 2, p. 190).

à un belligérant et considérés, en vertu du droit des gens, comme articles de contrebande de guerre ». « En cas de guerre, dit M. Pillet, le commerce des belligérants et des neutres, demeurera libre sur le Niger, sauf s'il s'agit de contrebande, en d'autres termes, sur les eaux du Niger, l'ennemi ne pourra faire de prises sur son ennemi. Or, il faut se rappeler que, suivant le droit commun des nations, les seuls navires qui puissent faire des prises, sont les navires de guerre. La Conférence a donc clairement estimé que les navires de guerre des belligérants pourraient, en cas de guerre, naviguer dans le Niger, puisqu'elle a pris soin de leur notifier dans notre article que toutes prises leur sont interdites » (1).

Ainsi, la navigation du Niger est bien ouverte aux navires de guerre français ; déclarer le contraire, équivaut à séparer entièrement notre métropole de notre colonie du Soudan.

§ III. — **Garanties accordées à la liberté de navigation du Niger.**

Tout comme le Congo, le Niger est neutralisé : « Les dispositions du présent Acte de navigation demeureront en vigueur en temps de guerre. En conséquence, la navigation de toutes les nations, neu-

(1) PILLET, *Rev. de droit internat. public*, 1896, n° 2, p. 207 : — RENAULT, Cours professé à l'école des Sciences politiques, 1898.

tres ou belligérantes, sera libre en tout temps pour les usages du commerce sur le Niger, ses embranchements et affluents, ses embouchures et issues, ainsi que sur la mer territoriale faisant face aux embouchures et issues de ce fleuve. Le trafic demeurera libre, malgré l'état de guerre, sur les routes, chemins de fer et canaux mentionnés dans l'article 29 » (art 33).

Outre cette première garantie accordée à la liberté de navigation du Niger, il en existe encore une seconde ; mais celle-ci ne réside pas, comme pour le Congo, dans l'institution d'une Commission internationale ; elle consiste dans une déclaration simultanée des deux Puissances exerçant un droit de souveraineté sur les rives du Niger : La Grande-Bretagne et la France. « La Grande-Bretagne s'engage à appliquer les principes de la liberté de navigation énoncés dans les articles 26, 27, 28, 29, en tant que les eaux du Niger, de ses affluents, embranchements et issues, sont ou seront sous sa souveraineté ou son protectorat. Les règlements qu'elle établira pour la sûreté et le contrôle de la navigation, seront conçus de manière à faciliter autant que possible la circulation des navires marchands. Il est entendu que rien dans les engagements ainsi pris ne saurait être interprété comme empêchant ou pouvant empêcher la Grande-Bretagne de faire quelques règlements de navigation que ce soit, qui ne seraient pas contraires à l'esprit de ces engagements. La Grande-Bretagne s'engage à protéger les négociants étrangers de toutes les nations faisant le commerce dans les parties du cours du Niger qui sont ou seront sous sa souveraineté ou son protectorat, comme s'ils étaient ses propres sujets, pourvu toutefois que ces négociants se conforment aux règlements qui sont ou seront établis en vertu de ce qui précède » (art. 30).

« La France accepte sous les mêmes réserves et en termes identiques les obligations consacrées dans l'article précédent. en tant que les eaux du Niger, de ses affluents, embranchements et issues sont ou seront sous sa souveraineté ou son protectorat » (art. 31).

Nous en avons fini avec l'exposé de la situation juridique des deux grands fleuves internationaux africains : le Congo et le Niger.

Nous nous sommes bornés pour cela à examiner la teneur des documents officiels qui y sont relatifs : l'Acte général de Berlin contenant les deux Actes de navigation du Congo et du Niger, les protocoles des séances et les rapports annexés, tous publiés dans le Livre Jaune de 1885 relatif aux affaires du Congo. Mais ce Livre date de 1885, c'est-à-dire de près de quinze ans. Depuis ce temps, la situation de l'Afrique a été bouleversée : des territoires inconnus et inoccupés ont été explorés et sont habités, des travaux considérables ont été effectués pour faciliter la pénétration au

cœur de ce continent qui devient chaque jour de moins
en moins mystérieux, et dont les ténèbres se dissipent.
Le long de nos deux fleuves, des canaux ont été creusés, des barrages élevés, des chemins de fer même,
construits, si bien que les conditions de la navigation ont été changées de fond en comble ; et tout cela,
grâce à l'application des articles de l'Acte général
de Berlin de 1885, dont l'esprit est si large et si
libéral.

TROISIÈME PARTIE

ÈTAT ACTUEL DE LA NAVIGATION INTERNATIONALE SUR LE CONGO ET LE NIGER

Dans cette partie de notre travail, nous nous proposons d'étudier comment furent appliquées les règles posées à Berlin et quelles sont les conditions dans lesquelles s'exerce actuellement la navigation sur nos deux grands fleuves africains.

Pour le Congo, la tâche nous sera relativement facile, car l'application de l'Acte de Berlin n'a donné lieu à aucun incident diplomatique.

Pour le Niger il n'en a malheureusement pas été de même, ainsi que nous le constaterons.

Examinons séparément chacun de ces fleuves :

CHAPITRE Ier. — La navigation actuelle sur le Congo.

CHAPITRE II. — La navigation actuelle sur le Niger.

CHAPITRE PREMIER

LA NAVIGATION ACTUELLE SUR LE CONGO.

Un bref aperçu géographique du cours du Congo ne nous sera pas inutile, pour nous rendre compte de l'endroit où se trouvent les différentes sections navigables du fleuve, et de l'opportunité des travaux qui ont été exécutés pour suppléer à l'innavigabilité.

Division. — § I. Aperçu géographique.
§ II. Navigabilité du fleuve.
§ III. Travaux exécutés en certains endroits pour suppléer à l'innavigabilité.

§ Ier — Aperçu géographique.

A. — GÉOGRAPHIE PHYSIQUE

Le Congo change plusieurs fois de nom, suivant les contrées qu'il traverse ; il est formé de deux bras

Bibliographie : *Archives diplomatiques*, 1888 ; — *Rapport au roi sur l'Etat du Congo*, janvier 1897 ; — *Atlas* Schrader et *Atlas* Vidal-Lablache, cartes d'Afrique ; — *The Daily Mail* commercial Map of Africa (George Philip, London ; — *Bulletin du comité de l'Afrique française*, dernières années ; — Fauchille, *L'Annexion du Congo à la Belgique* (*Rev. de droit internat. public*, 1895, n° 4) ; — Lanier, *L'Afrique*, 1897 ; — Laveleye, *La Neutralité du Congo* (*Rev. de droit internat.*, 1883, n° 3) ; — Liebrechts, *Léopoldville*, Publication de l'Etat indépendant du Congo, n° 2 ; — *Revue de Belgique*, décembre 1882 ; — Stanley, *A travers le continent mystérieux* ; *Dans les ténèbres de l'Afrique* ; — Wauters, *L'Etat indépendant du Congo* ; — Weyl, *Le Congo devant l'Europe*.

principaux : le Tchambézi et le Loualaba. Le Tchambézi qui prend sa source entre les lacs Tanganyka
et Nyassa, coule d'abord vers le Sud-Ouest, il entre
dans le lac Bangouelo, dont il sort au Nord sous le
nom de Louapoula ; il traverse ensuite le lac Moëro.
Avant de rencontrer le lac Landji, il reçoit le deuxième
bras, appelé Loualaba, originaire des grands plateaux
bordant le Haut-Zambèze. Il reçoit ensuite à droite
les eaux du lac Tanganyka qui se déversent par le
Loukouga. Là commence le Congo proprement dit,
qui coule dans la direction du Nord en s'infléchissant
vers l'Ouest, puis vers le Sud, de manière à former
une immense boucle qui traverse l'Equateur à deux
reprises et arrive à la mer vers le 6° latitude sud,
c'est-à-dire à peu près à la hauteur où se sont réunis
les deux bras du Loualaba et du Louapoula. De nombreux accidents de terrain se trouvent sur sa route,
et il les franchit par une série de rapides dont les plus
connus et les plus importants sont les Stanley-Falls,
sous l'Equateur, et les chutes de Livingstone, après le
lac de Stanley-Pool, entre Brazzaville et le Matadi.

Ses affluents principaux sont à droite, entre le Loukouga, l'Arouhimi, l'Oubanghi et l'Alima ; à gauche,
le Louami, le Koua, seule issue d'un nombre infini
de rivières qui sortent de la région de Lounda, telles
que le Kouango, le Kasaï et le Mfini, déversoir du lac
Léopold II.

Dans la partie moyenne de son cours, le Congo est

un superbe cours d'eau coulant plein de majesté, large parfois de quinze à seize kilomètres, traversant des contrées d'une richesse incomparable et habitées par une population d'une densité extraordinaire. Toutes ses rives sont ombragées d'immenses forêts où la végétation tropicale éclate dans toute sa splendeur (1). Il n'y a donc pas à redouter que la navigation sur ce fleuve périclite, faute d'un fret suffisant.

Le Congo se jette dans la mer par un très grand estuaire de dix-sept kilomètres de large ; la force de son courant est considérable en cet endroit, comme l'ont observé maints navigateurs : à 450 kilomètres, il colore les eaux de l'Atlantique d'une teinte brunâtre ; à soixante kilomètres, ses eaux sont encore jaunâtres ; à vingt-deux kilomètres, l'eau de la mer à la surface est douce. On a évalué à 40 ou 50,000 mètres cubes la masse liquide qu'il roule, et à 72,000, au temps des pluies, à 350 millions de mètres cubes, la quantité annuelle d'alluvions apportées par lui dans la mer (2).

B. — Géographie politique.

Plusieurs Puissances exercent leur souveraineté sur les rives du Congo et de ses affluents. La navigation internationale du Congo les intéresse particulièrement,

____

(1) Stanley, *A travers le continent mystérieux ; Dans les ténèbres de l'Afrique*, t. II, chap. XXIII.

(2) Lanier, *L'Afrique*, 1897, p. 736.

car ce sont elles qui recevront ou expédieront les
marchandises dont les bateaux seront chargés. Elles
seront aussi forcées de veiller à l'application de
l'Acte de navigation, comme nous le verrons plus
loin, en attendant la création de la Commission inter
nationale.

Ces Puissances sont : L'Angleterre, l'Allemagne,
l'Etat indépendant du Congo, la France et le Portugal.

L'Angleterre est installée aux sources de la première
des branches du Congo, du Tchambézi dont elle possède tout le cours, ainsi que les rives du lac Bangouélo,
la rive droite du Louapoula et du lac Moéro, et la rive
sud du lac Tanganyka. Le territoire anglais arrosé par
les eaux du Congo, forme la partie nord de la Rhodesia
(British South Africa Company) qui a succédé en 1890,
1893, 1894 aux droits du Portugal sur ces régions, et
qui tend chaque jour à s'agrandir davantage. C'est par
elle que passera la route du Caire au Cap (1), rêvée
par les Anglais, et qui portera un grand coup à la
navigation internationale du Congo, le jour où elle
sera complètement réalisée.

Le Congo, au sortir de la colonie anglaise, entre
dans l'Etat indépendant du Congo qu'il traverse en
entier ; le lac Tanganyka est situé également sur le
territoire congolais, exception faite de sa rive sud qui
est anglaise et de sa rive est qui limite la colonie

(1) *The Daily Mail commercial Map of Africa.*

allemande de l'Afrique orientale (Deutsch-Est-Afrika).
Rappellons que l'Etat indépendant du Congo fondé
après la Conférence de Berlin, en 1885 (1) a été placé
sous la souveraineté de Léopold II, roi des Belges,
sur la base d'une union personnelle (2). Le 2 août 1889,
ce roi a légué à la Belgique, par testament. cet Etat.
Une Convention du 9 janvier 1890, passée entre le
Congo et la Belgique, reconnaît à cette dernière le
droit d'annexer le Congo, après une période de dix
ans. Mais en 1895, le Parlement belge a voté contre
l'annexion. Le roi des Belges a donné à la France par
un arrangement du 5 février 1895, un droit de préfé-
rence à la France dans le cas où la Belgique refuserait
de réunir l'Etat du Congo (3).

Le reste des rives du Congo appartient à la France
et au Portugal.

Le territoire français borde à droite le Congo-Moyen
et son affluent l'Oubanghi, qu'il suit jusqu'à la rencontre des possessions anglaises du Nil (4).

Le territoire portugais, faible vestige de l'empire
que le Portugal ne s'était pas vu disputer pendant si
longtemps, se compose d'une étroite bande de terrain
située au Nord de l'estuaire du Congo (5) et de la

(1) Le 1ᵉʳ août.

(2) FAUCHILLE, *L'annexion du Congo à la Belgique* (Rev. de droit internat.
public, 1895, n° 4, p. 400).

(3) FAUCHILLE, *idem*, p. 433.

(4) Notre dernier traité avec l'Angleterre, du 21 mars 1899, a délimité
nos frontières dans cette région.

(5) C'est là que se trouve la ville de Cabinde, élevée sur l'emplacement

colonie d'Angola, bordant pendant quelque temps la rive gauche.

Telles sont les quelques notions de géographie qu'il nous était indispensable de connaître avant d'étudier la navigabilité du Congo.

§ II. -- Navigabilité du Congo.

Une chose étonne tout d'abord lorsque l'on considère une carte indiquant les voies navigables de l'Afrique. Le Congo, comme d'ailleurs les autres fleuves du continent noir, le Congo est coupé de rapides et de chutes qui rendent un transbordement nécessaire et qui font que, sur une longueur de 4,500 kilomètres, 2,700 seulement sont navigables (1). Quelle est l'origine de ces rapides si nuisibles à la navigation ?

M. Wauters (2) émet à ce sujet une hypothèse scientifique qui a été confirmée par MM. Dupont et Carnet. « Le relief du bassin du Congo apparaît comme une série de terrasses étagées, aux superficies, pentes et contours variés, partant du rivage de l'Atlantique et s'élevant graduellement vers l'Est, le Nord-Est et le Sud-Est. La partie centrale des différentes terrasses était occupée par un vaste lac. Or, il arriva

d'un fort de ce nom, dont on parle longuement dans le traité du 30 janvier 1786 entre la France et le Portugal (*suprà*, première partie, chap. I).

(1) *The Daily Mail commercial Map of Africa ;* les cours d'eau navigables sont très nettement indiqués.

(2) Wauters, *L'Etat indépendant du Congo*, p. 105 et 138.

une époque où, par suite de l'augmentation de volume des eaux ou par le fait de l'accumulation des sédiments au fond du lac, ou encore à cause de l'affaissement d'un point de la ligne de faîte, les nappes lacustres s'élevant toujours, finirent par atteindre le seuil le moins élevé du pourtour de leur bassin. Dépassant le niveau de ce seuil, elles se déversent dans la terrasse inférieure voisine, allant gonfler les eaux de cette terrasse, pour les faire déborder à leur tour. Les eaux attaquent énergiquement les seuils qu'elles venaient de franchir, en liment les plafonds, et ce travail d'érosion aboutit finalement à la formation de toute une série de gorges étroites ».

Cette explication nous paraît très exacte, et elle est confirmée par l'existence actuelle de ces immenses lacs de l'Afrique équatoriale dont le niveau s'abaisse chaque jour, et par la série des chutes qui coupent tous les grands cours d'eau de cette région. Il y a sur le Congo onze passages caractéristiques ; nous n'en retiendrons que les deux déjà indiqués ; les chutes Livingstone, près de l'estuaire et celles de Stanley près l'Equateur. Ce sont les plus importantes et elles nous serviront de jalons pour diviser notre étude des conditions de la navigation du Congo en trois parties :

A. Le Congo maritime, de l'Océan Atlantique, aux chutes de Livingstone.

B. Le Congo moyen, des chutes Livingstone à celles de Stanley.

C. Le Haut-Congo, des chutes de Stanley aux grands lacs et aux sources du fleuve.

A. — Le Congo maritime

Cette section est de beaucoup la plus importante pour la navigation internationale. Le fleuve mesure souvent en cet endroit plus de dix kilomètres de large, et sa longueur de Banana à Vivi, les deux ports extrêmes, est de 184 kilomètres. Sur tout ce parcours, les bâtiments de mer peuvent naviguer aisément. Il y a quelques années à peine, on croyait l'estuaire non navigable au delà de Boma, situé à moitié chemin entre Banana et Vivi ; mais le 20 janvier 1889, le capitaine John Murray remonta jusqu'à Matadi, avec *Le Loualaba*, navire appartenant à l'African Steamship Cº, jaugeant 1,860 tonnes ; il prouva ainsi que l'on pouvait débarquer directement des marchandises dans ce port, choisi comme point terminus d'un futur chemin de fer, sans leur faire subir un coûteux transbordement au moyen de petits vapeurs qui seuls, autrefois, dépassaient Boma.

Il existe sur le Bas-Congo, trois ports de mer : Banana, Boma et Matadi. Banana se trouve à la pointe Nord de l'estuaire, au fond d'une grande crique ; c'est le port le plus ancien et autrefois le plus fréquenté. Il a diminué d'importance pour se relever cependant au cours de ces dernières années. En effet, les entrées qui, en 1890, étaient de 132 navires jaugeant ensemble 172,920 tonneaux, s'abaissèrent en 1894 à 74 navires jaugeant ensemble 97,316 tonneaux. En 1896, les entrées furent de 103 navires jaugeant ensemble 171,376 tonneaux. C'est à Banana que commence le service de pilotage et de sondage.

Boma est le siège du gouvernement local et prend chaque jour une nouvelle importance, ainsi que le démontrent les statistiques : en 1888 les entrées de navires s'élevaient seulement à 22, jaugeant ensemble 25,995 tonneaux, elles furent en 1892, de 79 (110,444 tonneaux), et en 1897, de 98 (170,848 tonneaux) (1). Mais il y a lieu de penser que Matadi, grâce au chemin de fer du Stanley-Pool, prendra bientôt les devants. La Compagnie de chemin de fer n'a d'ailleurs rien négligé pour cela ; elle a fait exécuter récemment les travaux nécessaires pour faciliter le déchargement des navires, deux jetées en fer ont été construites, et un chenal a été pratiqué, de telle façon que les bateaux de sept mètres peuvent y aboutir aux eaux les plus basses. « Dans la gare sifflent les locomotives qui vont monter au Stanley-Pool, et à la rive, le long des piers, sont ancrés les steamers qui s'apprêtent à reprendre la mer vers Anvers, le Havre, Liverpool et Hambourg (2) ».

______

(1) Chiffres empruntés à l'ouvrage de M. WAUTERS, *l'Etat indépendant du Congo*, p. 356.

(2) *Idem*, p. 158.

Le balisage est complet depuis la mer, jusqu'à ce point, et des bouées indiquent aux marins les endroits dangereux. Un service est établi pour empêcher les bancs de sable de se former, et plusieurs dragues fonctionnent (1).

La flottille du bas fleuve ne comprend que quelques embarcations à vapeur nécessaires au service des communications : l'*Hirondelle*, le *Héron*, le *Prince Baudouin*, le *Camille Jansen*, l'*Argus*, et des chalands en acier pour le transbordement et le remorquage des cargaisons. Par contre, les bâtiments de mer qui y pénètrent sont nombreux, car le fleuve se trouve relié à l'Europe par six lignes de navigation : La Cie maritime belge du Congo et la Société maritime du Congo (service combiné), départ d'Anvers ; l'Emprenza nacional de Navegacao, départ de Lisbonne ; les Chargeurs-Réunis, du Havre, et Fraissinet de Marseille, (service combiné) ; Woermann Linie, départ de Hambourg : African Steamship C^o, et la British and African Steam Navigation C^o, départ de Liverpool.

B. — Le congo moyen

La navigation interrompue par les chutes de Livingstone, reprend après celles-ci et se continue sans interruption jusqu'aux Stanley-Falls sur une longueur de

(1) Rapport au roi souverain sur l'Etat du Congo du 25 janvier 1897. *Archives diplomatiques*, 1897, p. 61.

plus de 1,500 milles anglais (1) et de plus de 18,000 kilomètres en comptant les affluents. C'est précisément à cette disposition hydrographique si favorable, que le bassin du Congo doit sa grande supériorité économique sur les autres régions de l'Afrique centrale. Il y a deux crues par an ; la plus forte a lieu en janvier, la deuxième en avril ; en août étiage. La différence entre les niveaux extrêmes est de trois mètres (2).

Le premier bateau à vapeur qui sillonna ces eaux, fut l'*En-Avant*, de Stanley, en 1881. Depuis, le nombre des embarcations de ce genre n'a fait que s'accroître ; il y a aujourd'hui 45 steamers dont deux de 250 tonneaux chargés de ravitailler les établissements situés sur le Congo et ses affluents, et de transporter les marchandises et les voyageurs. Ces 45 bateaux à vapeur se décomposent ainsi que suit : 22 congolais, 11 belges, 6 hollandais, 4 anglais, 2 français. Ce chiffre sera dépassé, l'État du Congo ayant environ quinze nouveaux vapeurs en construction sur les chantiers de la Société John Cockerill, à Hoboken (3).

La nature a placé un immense port, ou plutôt une rade, au point de départ de la navigation du Moyen-Congo : le lac Stanley-Pool. M. Wauters en fait la description pittoresque suivante : « Le Stanley-Pool a une superficie de 450 kilomètres carrés, presque le

<hr>

(1) WEYL, officier de marine, *Le Congo devant l'Europe*.

(2) CH. LIEBRECHTS, *Léopoldville*, Publication de l'Etat indépendant du Congo, n° 2, p. 10.

(3) WAUTERS, *l'Etat indépendant du Congo* p. 155.

lac de Constance. La prise de possession de ce merveilleux port intérieur est venue le réveiller de son immobilité séculaire, et Léopoldville, Brazzaville, Kimbossa et Dolo ont surgi, apportant le bruit et l'activité là où régnait jadis un solennel silence. Sur les eaux du Pool, vont et viennent maintenant de nombreux steamers descendant du haut fleuve ou s'y rendant, et à la sirène des bateaux à vapeur, répond de la rive le sifflet des locomotives manœuvrant dans la gare de Dolo, point terminus du chemin de fer des chutes... Les indigènes qui descendent le fleuve pour commercer dans le Pool, ont des embarcations grandes et nombreuses ; généralement ces pirogues peuvent porter 20 à 40 hommes, et transportent de la nourriture pour huit jours ainsi que la valeur, en marchandises diverses, de 400 livres d'ivoire. Ces pirogues portent de deux à trois tonnes ».

Un arrêté royal du 30 avril 1884 règle l'usage des pavillons sur cette partie du Congo : « Tout bâtiment privé naviguant dans les eaux de l'État indépendant, en amont de Léopoldville, sera tenu d'arborer à l'arrière le pavillon de l'État (du Congo). S'il possède des papiers de bord établissant sa nationalité étrangère, il « pourra », arborer en outre le pavillon de son pays » (art. 2). Une amende de 25 à 1,000 francs sanctionne l'inobservation de cette formalité (1). Voilà une

_____

(1) *Archives diplomatiques*, 1888, p. 211.

disposition singulière de dissimulation de nationalité.

Dans ces parages, il est difficile de s'approvisionner de houille ; des études géologiques des terrains voisins n'ont pas encore été faites d'une façon assez complète. Heureusement la forêt n'est pas loin, et la hache des équipages pourra alimenter le foyer des machines. Un décret du 7 juillet 1898, dispose que « les propriétaires ou capitaines de vapeurs, naviguant sur le Haut-Congo et ses affluents, sont autorisés à faire en cours de voyage, des coupes de bois dans les forêts de l'Etat, pour l'alimentation des chaudières, moyennant le paiement d'une taxe annuelle calculée sur la capacité de transport des vapeurs et de leurs remorques. Cette taxe est fixée à 240 francs par tonneau de mer pour les steamers ne dépassant pas en vitesse sept nœuds à l'heure. Les vapeurs d'une marche plus rapide sont soumis à une taxe supplémentaire de 10 francs par tonneau de jauge ».

« La susdite taxe est réduite à 120 fr. pour les tonnages inférieurs à 10 tonnes, servant exclusivement au service des factoreries dans un même affluent ou un même sous-affluent ».

Depuis le 1er juillet 1896, il existe un service régulier de bateaux partant deux fois par mois de Léopoldville, et allant aux Falls ; la durée du trajet est de cinquante jours, aller et retour, escales comprises. Sous peu, l'État organisera un service de bateaux-postaux pour la poste et les voyageurs, qui ira de Léopoldville aux Falls, en onze jours de montée et en cinq jours de descente (1). Un service postal, mentionnons-le ici, fonctionne, autant qu'il est possible, dans ces régions, grâce à la navigation. La Convention de l'Union postale universelle, révisée à Paris, le 1er juin 1878 a été appliquée par l'article 7 de l'Acte général de Berlin de 1885, au bassin conventionnel du Congo. Les Puissances qui y exercent des droits de souveraineté ou de protectorat, se sont engagées à prendre les mesures nécessaires pour l'exécution de cette disposition (art. 7 *in fine*). La Convention postale actuellement en vigueur, date de 1897.

Des vapeurs parcourent également les plus importants affluents du Congo, tels que le Kasaï et l'Oubanghi. Ces affluents comme le fleuve lui-même, présentent souvent des obstacles à la navigation ; à ces endroits, on a organisé des services complémentaires avec des chalands en acier ou des pirogues indigènes montées par des équipages très vaillants et très adroits. Ce transport quelquefois, constitue un impôt payé à l'État par les chefs indigènes (2).

Signalons l'importance de l'Oubanghi pour la France. Presque tout entier sous notre souveraineté (3), il a déjà joué et jouera encore un grand rôle dans notre œuvre d'expansion dans l'Afrique centrale. C'est en remontant son cours et celui de son tributaire, le

(1) WAUTERS p. 381.
(2) Idem,   p. 382.
(3) Convention franco-anglaise du 21 mars 1899.

M'Bomou, que l'expédition Marchand a pu pénétrer jusqu'au Nil.

Le 28 mars 1899, parut un arrêté émané du Ministre des Colonies de France, relatif aux concessions dans le Congo français. Le titre II a trait au service de navigation à vapeur. « Le concessionnaire est tenu de mettre à flot, sur les cours d'eau navigables qui traversent le territoire concédé et qui le relient au Stanley-Pool, un bateau à vapeur affecté aux transports particuliers et pouvant être réquisitionné par l'autorité militaire. Il transportera aussi la poste » (art. 12). L'article 17 fixe le tarif des transports que le concessionnaire effectuera pour le compte de l'Etat ou de la Colonie.

C. — LE HAUT-CONGO.

La partie du fleuve que nous désignons ainsi, commence aux Stanley-Falls et se continue jusqu'aux grands lacs et aux sources. Cette région arrosée par le Congo est encore imparfaitement explorée, et comme elle est très éloignée de la mer, la navigation internationale présente en cet endroit peu d'intérêt. A part les embarcations indigènes, qui sillonnent les eaux de ces parages, rares sont les bateaux qui viennent dans ces contrées. Ce n'est pas que de vastes espaces ne soient propices à la navigation; bien au contraire, les rivières de cette région et les lacs Baugouélo, Moëro, Kassali, Tanganyka, forment d'immenses et profondes nappes d'eau auprès desquelles nos grands lacs d'Europe ne sont que bien peu de chose.

La navigation sur le Tanganyka a même attiré depuis quelque temps l'attention des Puissances européennes. En effet, on sait que l'Angleterre caresse le projet d'unir le Caire au Cap, l'Egypte à ses colonies du Sud de l'Afrique ; un chemin de fer est même projeté, les plans sont dressés ; en plusieurs endroits les ingénieurs sont à l'œuvre, en quelques-uns même les travaux sont terminés, et le Zambèze sera bientôt franchi (1). Mais la ligne des possessions anglaises présente une interruption sur toute la longueur du Tanganyka, et sur la contrée s'étendant au Nord de ce lac, le pays est sous la souveraineté de l'Allemagne et de l'Etat indépendant du Congo. L'Angleterre aurait bien voulu se faire céder une bande de terrain au Nord du lac ; elle passa même avec l'Etat du Congo, en mai 1894, à l'insu des Puissances signataires du Traité de Berlin, un Traité par lequel l'Angleterre cédait un territoire situé au Nord du 4° ; en échange elle avait la possession exclusive de la vallée du Nil et obtenait de l'Etat indépendant, la cession d'une bande de terrain de 25 kilomètres de large entre le lac Tanganyka et le lac Albert-Edouard d'où sort le Nil, isolant ainsi définitivement l'Est africain allemand du Congo. L'Angleterre possédait alors une route ininterrompue de la

____

(1) *The Daily Mail commercial Map of Africa* ; *the Cap-Town to Cairo route.*

Méditerranée au cap de Bonne-Espérance. Le chemin
de fer aurait pu être construit ; il aurait été complété
par une ligne de navigation sur le lac Tanganyka dont
les eaux, en vertu de l'Acte de Berlin, sont interna-
tionales, et peuvent, par conséquent, porter des navires
appartenant à tous les Etats : un transbordement à
chacune des extrémités du lac suffisait. La Grande-
Bretagne aurait ainsi réalisé son rêve.

Mais, l'Europe veillait, et l'Allemagne demanda
l'abrogation de cette clause du traité anglo-congolais,
comme contraire à l'Acte de Berlin, et comme faisant
sortir l'Etat indépendant de ses limites primitives (1).
L'Angleterre ne se tint pas pour battue ; au commencement de l'année de 1899, elle entama, en la personne
de M. Cecil Rhodes, des négociations à Berlin et à
Bruxelles, en vue de se faire accorder la concession
d'un chemin de fer purement anglais, dans ces régions,
et l'idée d'un service de bateaux sur le Tanganyka n'en
subsiste pas moins.

Présentons, pour terminer, les deux tableaux dressés
par M. Wauters, qui montrent quelle est la longueur
des sections navigables du Congo et de ses principaux
affluents.

---

(1) *Bulletin du Comité de l'Afrique française*, juin 1899, p. 180.

Tableau des sections navigables du Congo (1).

1°	Le Lubudi.......	du Mont Kaomba à Kalenga.	435ᵏ	innavigable.
2°	Le Kamolondo...	de Kalenga à Kongola......	560	navigable.
3°	Chutes de Hinde.	de Kongola à Kasongo......	125	innavigable.
4°	Le Loualaba.....	de Kasongo à Ponthiérville.	530	navigable.
5°	Les Stanley Falls.	de Ponthiérville aux Stanley Falls..................	160	innavigable.
6°	Le Haut-Congo..	des Stanley Falls à Tshumbiri	1.450	navigable.
7°	La traversée des Monts Cristals.	a). de Tshumbiri au Pool...	200	navigable.
		b). le Stanley Pool........	30	navigable.
		c). du Pool à Manyanga.....	140	innavigable.
		d). de Manyanga à Isangila.	130	navigable.
		e). d'Isangiala à Matadi.....	90	innavigable.
		f). de Matadi à Boma.......	60	navigable.
8°	L'estuaire.......	de Boma à Banana......·...	90	navigable.

Tableau des affluents navigables du Congo (2).

AFFLUENTS.	LONGUEUR du cours.	LONGUEUR navigable.
Louapoula......................	1.270 kilomètres.	150 kilomètres
Lomani........................	1.550 —	550 —
Itimbiri........................	490 —	220 —
Mongola	550 —	180 —
Lulonga................	700 —	550 —
Ruki....	1.000 —	880 —
Oubanghi........	610 —	610 —
Sauga........................	1.400 —	860 —
Likuala.......................	500 —	350 —
Likona........................	440 —	200 —
Saukuru..........	1.500 —	600 —
Loange.......................	750 —	150 —
Kwango......................	1.270 —	270 —
Lukenie....	910 —	800 —

(1) WAUTERS, *L'Etat indépendant du Congo*, p. 146.
(2) Idem, p. 181.

§ III. — Travaux exécutés en certains endroits pour suppléer à l'innavigabilité du Congo.

Le soin d'exécuter ces travaux incombait dans la pensée des auteurs de l'Acte de Berlin à la Commission internationale dont la tâche avait été minutieusement décrite, ainsi que nous avons pu nous en rendre compte plus haut (1). Afin de hâter la constitution de cette Commission, on avait pris soin d'indiquer nettement les conditions requises pour son entrée en fonction : « La Commission internationale se constituera aussitôt que cinq des Puissances signataires du présent Acte général auront nommé leurs délégués. En attendant la constitution de la Commission, la nomination des délégués sera notifiée au gouvernement de l'empire d'Allemagne, par les soins duquel les démarches nécessaires seront faites pour provoquer la réunion de la Commission » (art. 19). Or, cette Commission n'existe que sur le papier ; elle ne s'est pas réunie et n'a jamais fonctionné (2). Ce sont donc les Puissances riveraines qui veillent actuellement à l'application de l'Acte de Berlin et qui exécutent les travaux nécessaires. Celle d'entre elles qui s'est particulièrement fait remarquer par son

---

(1) *Suprà*, deuxième partie, chap. I, § 3.

(2) Des pourparlers auraient cependant été engagés au commencement de 1899 au sujet de sa création.

activité, est l'Etat indépendant du Congo. La France également, a exécuté quelques ouvrages dans sa colonie du Congo.

L'article 16 de l'Acte de 1885 avait prévu ces travaux et leur avait appliqué le même régime qu'au fleuve lui-même. Ils devaient consister en routes, chemins de fer et canaux latéraux. Jusqu'à présent, on n'a encore construit que des routes et des chemins de fer.

Les routes offrent peu d'intérêt au point de vue économique et du transport des marchandises ; elles sont peu utiles quand il s'agit de faire parcourir de longues distances, et c'est le cas en Afrique, à des objets lourds et encombrants. De plus les moyens de traction font presque totalement défaut dans cette contrée sub-équatoriale : pas de chevaux, pas de bœufs, les éléphants d'Afrique sont difficilement domesticables. La dépense de construction de routes à travers la forêt ou la brousse, ne serait pas en rapport avec le service rendu. Aussi les Etats ont-ils montré très peu d'empressement à en développer le réseau ; sauf sur le littoral, et le long des Stanley-Falls, les chemins se bornent la plupart du temps à des sentiers que suivent les porteurs indigènes dont le concours est assez coûteux.

Quant aux chemins de fer, ils ont été créés là où ils étaient indispensables. De Matadi, dernier port

(1) *Revue de Belgique*, 15 décembre 1882, et *Contemporary Review*, 1er mai 1883.

accessible aux navires venant de la haute mer, au Stanley-Pool, point à partir duquel le Congo redevient navigable, s'étend une série de plateaux composant les monts Cristals que franchit le fleuve en écumant par une série de 32 chutes. Un chemin de fer relie maintenant Matadi au Pool, à Dolo. L'idée de ce chemin de fer vient de M. Laveleye, elle date de 1882; il la qualifiait alors presque « d'utopie ».

L'utopie est devenue la réalité.

Cette voie ferrée a été créée en 1889, par la Compagnie des chemins de fer du Congo, fondée au capital de 25 millions. Les travaux commencèrent en 1890 ; ils furent poursuivis avec ardeur ; mais le travail fut extrêmement pénible, la maladie décima les travailleurs. Cependant tout fut surmonté grâce à la persévérance des ingénieurs, et aussi, grâce à la méthode suivie. Cette méthode dite télescopique, est celle qui fut employée par le général Annenkoff pour la construction du Transcaspien. Le 16 mars 1898, les rails aboutirent au Stanley-Pool ; en 8 ans, 264 kilomètres avaient été posés sous l'Equateur (1).

La voie est unique, à l'écartement de 0 m. 75 c. La Compagnie possède 56 locomotives, de nombreux wagons, et les stations sont reliées par des fils téléphoniques. Il y a trois trains de voyageurs par semaine, et autant de trains de marchandises que les besoins du

____

(1) Prix de revient de la construction par kilomètre : en 1890, 240,000 fr.; en 1897, 87,000 fr.

trafic l'exigent. En avril 1898, 1,429 voyageurs avaient été transportés, ainsi que 1,304,650 kilos de marchandises. Ces derniers chiffres montrent bien l'importance, qui ne fera que s'accroître, du chemin de fer des chutes Livingstone.

D'autres voies ferrées sont en projet (1) : une relierait le Lomani au Loualaba (2) et irait de Bena-Kemba à Nyangoué ; on éviterait ainsi, en remontant le Lomani qui coule parallèlement au Congo, les chutes de Stanley-Falls, et après un court transbordement,on reprendrait la voie du Haut-Congo qui mènerait aux grands lacs.

Une autre voie ferrée irait du Loubéfou au Loualaba, affluent de droite du Kasaï, tributaire lui-même du Koua qui se jette dans le Congo, au-dessus du Stanley-Pool. On n'aurait plus besoin de décrire l'immense courbe du Congo, et l'on irait presque en ligne droite, de Léopoldville aux points de rencontre du Loualaba, du Louapoula et du Loukouga issu du Tanganyka.

Un dernier chemin de fer irait du Roubi (Ibembo), affluent de droite du Congo au Nord de l'Équateur, au Bomakandi et à l'Ouellé. Par cette ligne on gagnerait le bassin du Nil sans avoir à faire le détour de la rivière Oubanghi.

(1) WAUTERS, *L'Etat indépendant du Congo*, les moyens de communication, p. 375.

(2) Le Loualaba est le nom que porte le Congo dans la région au Sud de l'Equateur.

Ajoutons qu'un chemin de fer français est à l'étude pour relier les côtes de l'Océan Atlantique au Moyen-Congo.

On voit quelle est l'importance de ces différents projets ; mais ce ne sont encore que des projets. Toutefois, avec l'activité et l'esprit d'initiative dont a fait preuve jusqu'ici l'Etat du Congo, on peut espérer que dans un avenir qui n'est pas trop lointain, les voies de communication naturelles offertes par le Congo et ses affluents, auront été utilisées de la façon la plus complète.

CHAPITRE II

LA NAVIGATION ACTUELLE SUR LE NIGER

Division. — § I. Aperçu géographique.

§ II. Navigabilité du Niger.

§ III. La Compagnie anglaise du Royal Niger et la navigation internationale du Niger.

§ Ier. — Aperçu géographique.

A. — GÉOGRAPHIE PHYSIQUE

La direction générale du cours du Niger présente
une analogie assez grande avec celle du Congo : c'est
la même immense boucle, mais en sens inverse,
décrite par les eaux du fleuve, avant de se jeter dans
la mer, sensiblement à la même latitude que les
sources.

Bibliographie : *Archives diplomatiques*, 1891 ; — *Atlas* Schrader ;
Vidal-Lablache ; — *The Daily Mail commercial Map of Africa* ; — *Bulletin
du Comité de l'Afrique française*, 1899 ; — *Bulletin de la Société de géographie* ; — Duchêne, *Le droit de navigation sur le Niger* (*Rev. de droit
internat. public*, 1895, n° 4, p. 436) ; — Lanier, *l'Afrique*, 1897 ; — *Livre
jaune*, affaires du Congo 1885 ; — Mattei, *Bas-Niger, Bénoué, Dahomey*; —
Mizon, *Récit d'expédition à la Société de géographie*, juillet 1892 ; — Orban,
Étude de droit fluvial international ; — Pillet, *La liberté de navigation
du Niger* (*Rev. de droit internat. public*, 1896, n° 2, p. 190) ; — Toutée,
Dahomey, Niger, Touareg.

Le Niger naît au Nord-Est de la colonie anglaise de Sierra Leone, dans le Soudan français. Il coule d'abord dans la direction du Nord-Est jusqu'à Tombouctou, où il arrive après avoir traversé une région assez marécageuse se terminant par le lac Déboé ; il suit ensuite pendant quelque temps une ligne parallèle au méridien, en longeant le Sahara, descend vers le Sud-Ouest, et gagne la mer par une série d'embouchures qui forment le delta le plus vaste et le plus compliqué du globe. Peu nombreux sont ses affluents : La plupart des rivières de gauche se perdent dans le sable, et il n'existe que les traces de leur lit pour témoigner qu'autrefois la contrée était arrosée : quant à ceux de droite, ils sont en grand nombre, mais courts et d'un débit relativement faible. Seul la Benoué, affluent de gauche, a de l'importance.

Le Niger rencontre comme le Congo une série de rapides ; mais ceux-ci ne semblent pas insurmontables à la navigation.

B. — GÉOGRAPHIE POLITIQUE

A Berlin, en 1885, l'Angleterre avait assuré qu'elle dominait le cours inférieur du Niger. A cette époque, elle venait de confier la gestion de son territoire dont les limites n'avaient pas encore été bien fixées officiellement, à la Royal Niger Company (Chartered and limited). Il arriva que cette Compagnie investie de droits de souveraineté, se montra encore plus jalouse du soin des intérêts britanniques que l'Angleterre elle-même. Ses agents eurent de fréquents démêlés avec les Français, et celà, sans donner aux Anglais même, une entière satisfaction, c'est pour cette dernière raison que ses privilèges ont été supprimés récemment, le 26 juillet 1899 ; les pays qui lui appartenaient ont été placés directement sous la souveraineté de l'Angleterre. La Chambre des communes a voté un crédit de 865,000 livres sterlings pour indemniser ladite Compagnie de la révocation de sa Charte au profit du gouvernement Anglais.

Les Français établis sur le cours supérieur du Niger, portaient toute leur activité sur le haut et sur le moyen fleuve, s'efforçant de relier la rivière du Sénégal au Niger et à Tombouctou, en traversant le Soudan français dont la frontière coupe le Niger vers le 11° latitude Nord, à 10 milles en amont de Géré, port d'Ilo. Cette région du Soudan nous a été reconnue par les Conventions signées avec la Grande-Bretagne, le 5 août 1890 et le 14 juin 1898. Sa fertilité est très grande. « C'est de toute l'Afrique centrale le pays le plus riche et le plus facilement exploitable, à cause des grandes routes fluviales du Niger et de la Bénoué » (1). On ne peut en dire autant des contrées sahariennes situées au Nord de la bouche du fleuve, contrées qui

(1) MATTEI, *Bas-Niger, Bénoué, Dahomey*.

nous ont été généreusement attribuées en partage ; si bien que le ministre anglais a pu dire après le Traité de 1890, que son pays « avait compté sans mesure avec le coq gaulois qui trouvera à gratter dans le sable saharien » (1).

En 1898, nous avons cependant obtenu un certain avantage, ayant trait à la navigation du Niger. La Grande-Bretagne, copiant le système des baux qui semble être actuellement si en faveur auprès des chancelleries (2), la Grande-Bretagne nous a accordé à bail deux ports sur le fleuve, de sorte que nous pourrons y faire escale en remontant vers nos Possessions. Article 8 du traité du 14 juin 1898 : « Le gouvernement de Sa Majesté britannique cédera à bail au gouvernement de la République française, aux fins et aux conditions spécifiées dans le modèle de bail annexé au présent protocole, deux territoires à choisir par le gouvernement de la République française, de concert avec le gouvernement de Sa Majesté britannique, dont l'un sera situé en un endroit convenable sur la rive droite du Niger, entre Léaba et le confluent de la rivière Moussa (Mochi) avec ce fleuve, et l'autre sur l'une des embouchures du Niger. Chacun de ces terrains sera en bordure sur le fleuve, sur une étendue de 400 mètres au plus et formera un tènement dont la super-

----

(1) Paroles de lord Salisbury, après la Convention du 5 août 1890.
(2) La Chine a cédé à bail aux Puissances européennes, de nombreux territoires.

ficie ne sera pas inférieure à 10 hectares, ni supérieure à 50 hectares. Les limites exactes de ces terrains seront indiquées sur un plan annexé à chacun des baux ». La deuxième annexe au Traité contient le modèle du bail à intervenir ; ce bail sera consenti moyennant le loyer annuel d'un franc. La France devra clore le terrain d'un mur ou d'une palissade ayant au moins trois mètres de hauteur, et ne laisser qu'une porte de sortie. En dernière clause, ce modèle de bail stipule qu'en cas de divergence d'opinion sur l'interprétation, il en sera référé à l'arbitrage d'un jurisconsulte d'une nationalité tierce.

§ II. — **Navigabilité du Niger.**

On se rappelle que sir Edward Malet, dans la séance d'ouverture de la Conférence de Berlin, assura que le Niger « est divisé géographiquement en trois sections dont la supérieure n'a aucune communication avec l'inférieure » (1). La première de ces assertions est vraie, la seconde l'est moins. Mais ces paroles furent dites afin de soustraire l'exercice de la navigation au contrôle d'une commission internationale, et cela réussit. Depuis cette époque, nos explorateurs ont démontré que les différentes parties du Niger communiquaient entre elles ; plusieurs de nos officiers ont

(1) Protocole n° 1, *Affaires du Congo* (*Livre jaune*, 1885, p. 63).

descendu à plusieurs reprises le fleuve avec des bateaux à vapeur, en menant à bien leur entreprise.
En 1887, le lieutenant de vaisseau Caron, monté sur
la canonnière *Le Niger*, va de Bammako à Karioumé.
Ce voyage fut recommencé l'année suivante par le
lieutenant Jaime sur le *Mage*. En 1894, 1895, le capitaine Toutée (1) remonte de Boussa à Sinder, détrui-
sant la légende de non navigabilité que l'Angleterre
avait répandue. En 1896, le lieutenant de vaisseau
Hourst descendit en entier le cours du Niger et res-
sortit par la bouche d'Ouari.

Tous ces voyageurs sont d'accord pour affirmer que
le Niger, au point de vue de la navigation, se divise
en quatre parties :

A. Le Haut-Niger qui va des sources aux chutes de
Bammako.

B. Le Moyen-Niger, des chutes de Bammako à celles
de Boussa.

C. Le Bas-Niger, des chutes de Boussa au delta.

D. Le delta du Niger.

A. — LE HAUT-NIGER.

Les eaux deviennent navigables à partir de Karoussa
la plus grande partie de l'année, et le lit sablonneux
n'offre aucun danger sur une longueur de 275 kilo-

(1) *Dahomey, Niger, Touareg*.

mètres, jusqu'à Kangaba (1). Un projet de chemin de fer est à l'étude, afin de relier la Guinée française au Soudan ; il partirait de Konakry et aboutirait précisément à Karoussa.

Après Kangaba, la sécurité est moins grande jusqu'à Bammako, néanmoins le Niger, en exceptant la saison sèche, reste navigable. Un balisage serait nécessaire au moment des crues.

B. — LE NIGER-MOYEN.

A Bammako, se trouve une série de rapides qui rend toute utilisation du fleuve impossible sur une longueur de 70 kilomètres, jusqu'à Koulikoro (2). C'est à Koulikoro que commence la navigation proprement dite du Niger qui se poursuit jusqu'à la mer. A Koulikoro, les bateaux à vapeur peuvent passer pendant plus de la moitié de l'année, et les embarcations de 50 tonneaux pendant toute l'année.

C'est probablement vers cette section du fleuve qu'aboutira le chemin de fer de Kayes au Niger (3).

De Sansanding à Mopti, les petits bateaux à vapeur

---

(1) Nous empruntons ces renseignements, ainsi que ceux qui vont suivre, à des récits d'explorateurs, et aux documents contenus dans les numéros du commencement de 1899 du *Bulletin du Comité de l'Afrique française*.

(2) *Atlas* VIDAL-LABLACHE, carte n° 125 ; — LANIER, *l'Afrique*, p. 426.

(3) Ce chemin de fer fonctionne déjà de Kayes à Bafoulabé, longeant le fleuve du Sénégal qui est innavigable en cet endroit ; il est en projet de Bafoulabé au Niger.

peuvent remonter ou redescendre pendant toute saison, et les bateaux de fort tonnage calant $1^m,50$ à 2 mètres, pendant huit ou dix mois. Cette section du fleuve est actuellement parcourue par nos canonnières.

Un peu en amont de Mopti, deux routes s'offrent aux bateaux : la première par Ouagouaka, la deuxième traversant le lac Déboé ; celle-ci est suivie par les chalands de ravitaillement ; elle a toujours au moins 50 centimètres de profondeur ; la deuxième est meilleure et a toujours au moins un mètre ; mais il faudrait faire sauter quelques roches qui, en certains endroits, entravent le passage.

On arrive ainsi aux lacs situés près de Tombouctou, la capitale autrefois mystérieuse du Soudan qui forme, dans différents projets du chemin de fer transaharien, le point de rencontre de cette ligne avec le Niger. Cette ville possède deux ports : Karieta-Kawiconnie, sur le Niger, et Kabara, à cinq kilomètres du fleuve et à sept kilomètres de Tombouctou, relié au Niger par un chenal.

De Kabara à Say, le fleuve est partout navigable, sauf en quelques endroits, notamment à Ansongo, où des roches surgissent du fond ; mais on peut quand même passer, et le commandant Galliéni a pu dire, en 1888 : « Il est permis de croire que des travaux, peut-être peu importants, ouvriraient un passage entre le Bas et le Moyen-Niger ». A Sinder commencent des cailloux et des rapides ; mais les embarcations indigènes qui ont 10 mètres de long peuvent naviguer jusqu'à Say. De Say à Boussa, se trouvent quelques récifs qu'il serait, paraît-il, facile d'anéantir. On pénètre ensuite sur le territoire anglais où les rapides de Boussa forment une barrière, mais non insurmontable, car « le capitaine Toutée arriva à la mer dans la même embarcation qui l'a porté au travers des chutes de Boussa, jusqu'au Sahara français » (1).

C. — LE BAS-NIGER

Au dessous de Boussa, le Niger est entièrement navigable, sans obstacle. Il est journellement utilisé par le commerce international.

La Bénoué qui se jette à gauche, en cet endroit, est également navigable ; l'importance de cet affluent est très grande, car c'est la voie de pénétration la plus directe et la plus facile vers le lac Tchad dont trois Puissances : la France, l'Angleterre et l'Allemagne, sont aujourd'hui riveraines.

D. — LE DELTA

Le Delta possède trois grands ports commerciaux : Bonny, Brass et Noun près d'Akassa qui est l'entrepôt général des Anglais.

(1) PILLET, *La liberté de navigation du Niger* (*Rev. de droit internat. public*, 1896, n° 2, p. 200, note).

Lorsque l'Acte de Berlin fut redigé en 1885, on croyait que les embouchures du Congo étaient toutes comprises entre l'embouchure du Bénin et celle du Bonny. On croyait que les lagunes communiquant avec la mer qui s'étendent tout le long des côtes du golfe de Guinée, étaient sans communication entre elles. Or, de récentes explorations ont démontré que le Niger se déverse par un nombre considérable de bouches s'étendant jusqu'à la rivière Lagos et même jusqu'à Kotonou, d'un côté, et de l'autre jusqu'à la rivière Kameroun. « Ainsi la France à l'Ouest et l'Allemagne à l'Est, peuvent entretenir des rapports avec le Moyen et le Haut-Niger, par le moyen de canaux intérieurs ménageant l'accès des trois grandes branches du delta du fleuve (Forcados, Noun, rivière Bonny), sans sortir du domaine de la liberté fluviale (1) ».

A propos de la navigabilité générale du Niger, le commandant Galliéni écrivait dès 1892 (2) : « En résumé, la navigabilité du Niger est probable dans le Haut-Niger, certaine dans le Niger inférieur. De plus, on est en droit de penser que la mise en communication des trois bassins est réalisable ». Ces indications furent reconnues exactes quatre ans plus tard, par la mission Hourst.

----

(1) PILLET, *La liberté de navigation du Niger* (*Rev. de droit internat. public*, 1896, n° 2, p. 222).

(2) Mission dans le Haut-Niger. *Bulletin de la Société de géographie de Paris*, 4° trimestre 1892.

L'Acte de navigation du Niger (art. 29) avait parlé
de travaux, routes, canaux, chemins de fer à exécuter
dans le but de suppléer en certains endroits à l'innavigabilité du fleuve. Jusqu'à présent rien n'a été exécuté.
Il me semble au contraire que la Puissance maîtresse
du bas-fleuve se soit ingéniée à accumuler les difficultés
et les formalités qui entravent à un tel point la navigation internationale que plusieurs incidents diplomatiques se produisirent.

§ III. — La Royal Niger Company et la navigation internationale du Niger.

La Compagnie Royale du Niger, Compagnie à Charte,
a exercé, pour le compte de la Grande-Bretagne, des
droits de souveraineté sur le bas-fleuve (1). C'est par
conséquent entre ses mains qu'a été remise, en fait
tout au moins, l'administration et la surveillance de la
navigation ; c'est elle qui a été chargée de veiller à
l'observation de l'article 30 de l'Acte du Niger, par
lequel la Grande-Bretagne s'engage à appliquer au
fleuve et à ses affluents les principes de liberté énoncés
dans les articles 26, 27, 28, 29. Or il est arrivé ce qui
est toujours arrivé aux xviie et xviiie siècles lorsque
l'on a créé de grandes Compagnies de colonisation : la

(1) *Suprà*, historique de cette Compagnie dans notre première partie
chapitre II.

Compagnie a abusé des droits de souveraineté qui lui avaient été conférés ; elle a pris en considération seulement ses propres intérêts, elle a exploité son monopole, et la politique du dividende a été sa seule ligne de conduite. Si de nos jours, les choses ont été moins loin qu'aux siècles derniers où des guerres européennes sanglantes ont éclaté à ce sujet, cela tient à la modération dont firent preuve à différentes reprises les Gouvernements en cause.

La Royal-Niger C° a d'abord prétendu qu'elle avait assuré sa domination d'une façon solide, jusqu'en amont des chutes de Boussa. Puis, le 5 août 1890, la Grande-Bretagne signa avec nous un Traité très avantageux pour elle, qui lui donnait le cours du Niger jusqu'à Say. Notre Ministre des Affaires étrangères, défendant le Traité devant la Chambre, déclara le 4 novembre 1890, que « les Anglais remontent jusqu'à Say ; ils y sont fortement installés, y ont établi leur influence, et ils ont eu la prétention de pousser leur reconnaissance jusqu'à la boucle du Niger, c'est-à-dire jusqu'à 800 kilomètres de Say, à Bouroum, d'où ils pouvaient menacer Tombouctou ». Or, il n'en était rien : les forces anglaises dans le Bas-Niger étaient au Nord du littoral. « Tous les jours il apparaît plus clairement à quel point nous avons été trompés, lorsqu'on nous opposait, pour nous arrêter, les efforts et les progrès faits vers le Nord par la Compagnie du Niger. A la vérité, cette dernière en est encore à faire des opérations sur le bas-fleuve, en aval du confluent de la Bénoué » (1).

Nos premiers démêlés sérieux avec la Compagnie, datent de 1890. A cette époque, le lieutenant Mizon reçut le commandement d'une expédition organisée par le Comité de l'Afrique française et la Société d'Économie industrielle et commerciale (2) ; monté sur la chaloupe à vapeur le *René Caillé*, il entra dans la bouche de Forcados et l'Ouaré. Là, il fut attaqué et blessé par les indigènes, sujets de la Compagnie. Mizon réclama l'assistance de celle-ci ; deux mois se passèrent en pourparlers dans lesquels on lui dit qu'en vertu des lois et règlements de la Compagnie, s'il voulait continuer sa route, il devait demander une permission. Le directeur lui écrivit même une lettre dans laquelle se trouve ce passage : « Je dois aussi vous dire que la navigation est libre ; mais que si vous n'êtes pas muni de l'autorisation en question, il me sera impossible de vous laisser toucher terre à aucun endroit dans les territoires ». Or, le faible tonnage des embarcations rend indispensable les ravitaillements en vivres, en bois et en charbon ; et la nécessité d'une autorisation est manifestement contraire aux articles 26, 27, 28, 29, 30 qui établissent une liberté absolue.

L'opinion publique s'émut en France ; M. Deloncle

---

(1) *Bulletin du comité de l'Afrique française*, mars 1899, p. 95.

(2) Récit de l'expédition Mizon, *Société de géographie*, séance de réception, juillet 1892 ; — Lanier, *l'Afrique*, p. 471.

interpella le Ministre des Affaires étrangères, qui était alors M. Ribot, sur l'application du Traité de Berlin au Niger, le 4 novembre 1890 (1). Le prince d'Arenberg posa aussi plusieurs questions au sujet de la navigation commerciale dans ces régions.

M. Ribot adressa une réclamation au Gouvernement anglais. Il lui fut répondu que la navigation était libre; mais que l'on devait se soumettre aux règlements de la Compagnie pour communiquer avec les rivages. Toutefois, l'ordre fut envoyé de laisser passer Mizon.

La France n'eut pas seule le privilège de s'attirer les témoignages de jalousie et de rancune de la Compagnie. Le 3 février 1891, au Reichstag allemand, M. Hammacher rappela la question pendante des réclamations du négociant Hœnigsberg, contre la Royal Niger C°, qui l'a abusivement contraint à payer des droits de douane sur un point situé en amont du confluent du Bénoué et du Niger (2).

En 1892, le lieutenant Mizon recommença une seconde expédition; l'agent de la Compagnie anglaise lui fit un accueil froid, mais courtois. La mission remonta le Bénoué avec deux petits vapeurs le *Sergent Malamine* et la *Mosca*. Mais devant Yola, des vexations telles furent imposées, qu'il fallut se retirer. Le *Sergent Malamine* demeura seul en gage

(1) *Archives diplomatiques*, 1891, p. 37, 72.
(2) *Archives diplomatiques*, 1891, p. 367.

aux mains de la Compagnie pour payer des droits que Mizon refusa énergiquement d'acquitter.

En 1894, la Royal Niger C°, publia le Règlement qu'elle venait d'édicter. Ce Règlement fut arrêté par le Conseil de la Compagnie, le 19 avril 1894. Il porte le nom de « The Niger Navigation Regulation, 1894 », c'est le Règlement N° 40 de 1894 (1).

Sans nous arrêter ici sur le point de savoir si la Compagnie avait bien le droit et la qualité nécessaires pour édicter un Règlement imposable à des Puissances ayant pris part à la rédaction de l'Acte de Berlin (2), nous constaterons qu'elle reproduit les prétentions exposées déjà dans la lettre du directeur au lieutenant Mizon, à savoir que les navires transitant, avaient à faire une déclaration lors de leur entrée sur le territoire de la Compagnie, et qu'ils ne pouvaient demander du combustible, des provisions et d'autres objets indispensables dans les ports d'entrée ou dans les autres stations à bois, qu'en exhibant les certificats de transit. (paragraphes B. C. D. E du règlement).

N'était-ce pas en exigeant de telles formalités, rendre illusoire la pleine et entière liberté de navigation du Niger, décrétée par l'Acte de Berlin ? N'était-ce pas d'une façon indirecte, introduire un système d'étape ou de relâche forcée ?

____

(1) Voir le texte de ce Règlement, Pillet, *Rev. de droit internat. public,* 1896, n° 2, p. 212, note.

(2) Pillet, *Rev. de droit internat. public,* 1896, n° 2, p. 219.

La Compagnie prescrit en plus la nécessité du plombage pour les marchandises en transit (alinéa H). Enfin, s'appuyant sur l'Acte général de Bruxelles de 1800 qui « impose des conditions et des restrictions pour l'importation et le transit des armes à feu et des munitions dans et sur les territoires africains compris entre le 20ᵉ parallèle de latitude Nord et le 22ᵉ parallèle de latitude Sud » (1), la Compagnie du Niger ordonne aux commandants des navires marchands de déclarer les armes et munitions de guerre se trouvant à bord, qui ne franchiront le territoire britannique, qu'avec une autorisation écrite du Gouvernement (alinéa I).

Plusieurs personnes ont argué de ce dernier texte, pour essayer de démontrer que la navigation du Niger était interdite aux navires de guerre étrangers, car ces navires transportent des armes. Nous avons indiqué, plus haut, les motifs pour lesquels il nous semble que les eaux du Niger sont accessibles aux navires de guerre (2). Quant à l'argument en sens contraire, tiré de l'interdiction du transport des armes, nous ferons remarquer que le Règlement de la Compagnie ne parle que des bâtiments de commerce, gardant le silence sur les bâtiments de guerre, ce qui impliquerait que ceux-ci ne sont soumis à aucune formalité. De plus, le Congrès de Bruxelles, auquel se réfère la Compagnie,

---

(1) Deuxième attendu du préambule du Règlement.
(2) *Suprà*, deuxième partie, chap. II.

a seulement voulu interdire la vente et le trafic des armes, et le Règlement lui-même n'a certainement eu en vue que les actes de commerce dont celles-ci pourraient être l'objet : il les a envisagées comme des marchandises. La preuve en est qu'il en parle seulement à propos de l'acquittement des droits de douane. Et quelle personne oserait soutenir que les navires de guerre d'un Etat ont pour mission principale de se livrer au trafic des armes qu'elles portent à bord ?

Cette question du droit de navigation des bâtiments de guerre dans les eaux du Niger devait donner bientôt lieu à des incidents qui auraient pu avoir de fâcheuses conséquences (1). Rappelons brièvement les faits : Au mois de novembre 1894, le lieutenant de vaisseau d'Agoult, commandant l'aviso l'*Ardent*, remonte le cours du Niger ; son bâtiment s'échoue, le 10 décembre, dans le Bas-Niger. Pour se ravitailler, il emploie un petit vapeur, le *Faji*, appartenant à une Compagnie allemande de Lagos, vapeur qui fut monté par l'enseigne Weyer. Les agents de la Compagnie du Niger s'emparèrent de ce bateau et le retinrent dix-sept jours. En Angleterre, l'opinion publique approuva ces agissement, et le *Times* du 11 mai 1895 contient ces lignes : « *La France et l'Angleterre sur*

____

(1) Duchêne, *Le droit de navigation dans le Niger* (*Rev. de droit international public*, 1895, n° 4, p. 439) ; — Pillet, *Rev. de droit internat. public*, 1896, n° 2, p. 190 ; — Orban, *Etude de droit fluvial conventionnel*, p. 313.

le Niger. — L'attitude extraordinairement agressive
des expéditions françaises qui, à ce qu'on rapporte,
ont franchi la frontière des territoires britanniques du
Niger et qui sont en train de conclure des traités avec
les chefs locaux, ou de fortifier des postes dans l'intérieur de la sphère britannique, serait à peine croyable,
n'était l'agression déjà connue de la canonnière
l'*Ardent* dans les eaux anglaises du Bas-Niger, agression pour laquelle le Gouvernement français a présenté
des excuses et qu'il a répudiée (1) ».

Le Règlement du Niger de 1894, œuvre de la Compagnie anglaise, n'avait donné satisfaction à personne ;
les incidents qui en résultèrent en sont la meilleure
des preuves. Après 1896, les deux Gouvernements
anglais et français s'entendirent pour faire cesser cet
état de chose et pour rédiger un Règlement commun.
Une Commission composée de deux délégués de la
Grande-Bretagne, MM. Howard et Himming, et de
deux délégués français MM. Roume et Larrouy se
réunit dans ce but à Paris au mois de février (2).
Deux ans plus tard, lors de la rédaction du Traité du
14 juin 1898, entre la France et l'Angleterre, on prit
soin d'indiquer qu'un nouveau Règlement de navigation serait fait après concertation. « Les conditions
dans lesquelles s'effectuera le transit des marchandises
sur le cours du Niger, de ses affluents, de ses embran-

<hr>

(1) Duchène, *Rev. de droit internat. public*, 1895, n° 4, p. 439.
(2) Pillet, *Rev. de droit internat. public*, 1896, n° 2, p. 217, note.

chements et issues, ainsi qu'entre le terrain ci-dessus mentionné, situé entre Léoba et le confluent de la rivière Moussa (Mochi) et le point à désigner par le Gouvernement de la République française sur la frontière française, feront l'objet d'un règlement dont les détails seront discutés par les deux Gouvernements immédiatement après la signature du présent protocole » (art. 8, *in fine*).

L'article 9 ajoute « A l'intérieur des limites tracées..., les citoyens français et protégés français, les sujets britanniques et protégés britanniques... jouiront pendant trente ans du même traitement pour tout ce qui concerne la navigation fluviale, le commerce, le régime douanier et fiscal, et les taxes de toute nature ». Le même jour, 14 juin, sir E. Monson écrivit à M. Hanotaux, alors Ministre des Affaires étrangères, pour lui demander à examiner de concert avec le Gouvernement français, le Règlement de navigation du Niger et de ses tributaires, existant actuellement, en vue de supprimer toute restriction préjudiciant au commerce français qui serait reconnue étant en désaccord avec les termes de l'Acte de navigation du Niger contenus dans l'Acte général de Berlin du 26 février 1885 (1).

Le 29 juin, sir E. Monson communiqua à M. Hanotaux « les bases de règlement de transit pour le Niger »

(1) *Bulletin du comité de l'Afrique française,* supplément de janvier 1899, p. 94.

établies d'accord avec les Commissaires français le 9 juin 1898. Ce Règlement est intitulé : « Transit des bateaux marchands et marchandises sur le Niger ». Tout bateau et marchandises transitant entre la mer et un endroit au delà du territoire britannique du Niger, devra faire déclaration, les marchandises seront plombées, et il hissera un pavillon spécial. Il ne pourra aborder que pour y prendre du combustible, vivres... Aucun droit de douane ne sera payé, mais des droits pour services rendus seront acquittés.

Remarquons que les navires français sont toujours astreints à faire une déclaration, et à remplir certaines formalités ; mais celles-ci sont du droit commun, et à l'avenir, elles seront remplies vis-à-vis d'agents du Gouvernement britannique et non plus vis-à-vis des employés d'une Compagnie privée étrangère, investie d'un monopole.

M. Delcassé répondit le 19 août 1898, que le Gouvernement français adhérait. Ce Règlement que nous venons d'étudier, est en vigueur en ce moment. Comme il est l'œuvre des deux Puissances, il s'applique au fleuve tout entier, que ses eaux coulent sur le territoire français ou sur le territoire anglais. C'est un acte synallagmatique, à l'encontre du Règlement de la Compagnie du Niger, qui émanait de ses seuls directeurs, et pour la rédaction duquel la France n'avait été nullement consultée.

La lettre de sir E. Monson, datée du 29 juin, informait en outre notre Ministre que le Gouvernement de sa Majesté prendrait les mesures nécessaires pour dessaisir la Compagnie royale du Niger de l'administration des territoires qu'il assurerait à l'avenir lui-même.

Comme nous l'avons vu, ceci fut exécuté ; la Compagnie a disparu en juillet 1899, en tant que Compagnie souveraine ; elle subsiste comme Compagnie commerciale ; mais elle n'aura plus aucun droit de contrôle sur la navigation du Niger. Pendant les débats qui accompagnèrent la révocation de sa Charte, le chancelier de l'Echiquier fit, le 3 juillet, à la Chambre des Communes, son historique, et montra « qu'elle avait remporté des succès commerciaux, en même temps qu'elle avait conservé pour l'Angleterre la grande artère fluviale du Niger ». Voilà qui est net, et nous ne sommes pas pour contredire le chancelier de l'Echiquier. « Mais, a dit sir Michael Hicks-Beach, la situation a été, à une certaine époque, très tendue et très dangereuse entre la France et l'Angleterre dans cette région. C'est que la Charte qui servait à la Compagnie pour régler les rapports avec les indigènes n'est pas convenable pour permettre à l'Angleterre de remplir ses obligations envers les nations civilisées, ses voisines. Les agents d'une Compagnie ne peuvent avoir la même ampleur de vues que des fonctionnaires impériaux » (1).

____

(1) *Journal des débats* du 5 juillet 1899.

Maintenant, il y a lieu d'espérer que toute difficulté va être évitée et qu'aucune cause de conflit ne surgira plus dans l'application, par les fonctionnaires britanniques, du nouveau Règlement de navigation de 1898. Alors, on pourra dire que les travaux de la Conférence de Berlin ont véritablement assuré la navigation internationale du Niger, et que les dispositions libérales contenues dans l'Acte de Berlin de 1885 n'ont pas été une vaine promesse.

CONCLUSION

———

Ici s'arrête notre étude.

Nous avons vu dans quelle mesure on a appliqué au Congo et au Niger les règles du droit fluvial conventionnel antérieur. Il n'est pas permis de dire qu'elles aient été observées à la lettre : le Congo et le Niger ont eu chacun un régime spécial. Celui du Congo assure au fleuve une liberté plus complète que celle d'aucun autre fleuve, même le Danube. En attendant la constitution de sa Commission internationale, chacun des riverains veille à l'application de l'Acte de Berlin de 1885, et jusqu'à présent, tout le monde s'en est bien trouvé.

Quant au Niger, il jouit également d'un régime exceptionnel : l'Angleterre et la France se sont engagées chacune de leur côté, séparément, à faire appliquer l'Acte de navigation de Berlin; et si ces deux pays en sont arrivés récemment à rédiger un Règlement commun, il n'y a aucune autorité mixte, aucun pouvoir central chargé de veiller à son application.

La Conférence de Berlin a élargi le domaine du droit fluvial conventionnel en édictant des règles nouvelles plus libérales que les anciennes : ainsi, elle a fait entrer sous le même régime juridique que les eaux du Congo et du Niger, les travaux destinés à suppléer à leur innavigabilité, et elle a appliqué à ces deux fleuves, une neutralité pleine et entière.

Là s'est arrêtée l'œuvre de la Conférence de Berlin qui n'a pas internationalisé deux autres grands fleuves africains, le Zambèze et le Nil (1).

Le Zambèze est régi par un Accord signé entre l'Angleterre et le Portugal, le 11 juin 1891 ; en exécution de cet Accord, un Règlement portugais relatif à la navigation du Zambèze, a été publié le 18 mai 1892 (2) : la navigation est libre pour les embarcations de toute espèce et de toute nationalité à la condition de se soumettre aux prescriptions des règlements. Mais c'est là une disposition de législation intérieure et non internationale. Aussi ne peut-on pas dire que le Zambèze est entré dans le domaine du droit international public.

Le Nil a pour riverains : l'Egypte, le Soudan, l'Etat indépendant du Congo et l'Est africain allemand. Mais l'Angleterre a refusé d'admettre pour ce fleuve un régime international. Lors de récents évènements à la suite desquels il fut un instant question d'accorder

---

(1) Pillet, *Quel doit être le régime des fleuves africains ?* (*Rev. de droit internat. public*, décembre 1898, janvier 1899).

(2) N° 138 du 22 juin 1892, du *Diario do governo* (Journal officiel du gouvernement portugais).

à la France un accès sur le Haut-Nil, l'Angleterre ne voulut jamais entendre parler d'internationaliser ce cours d'eau.

Il n'y a donc aujourd'hui en Afrique que deux fleuves internationaux : le Congo et le Niger.

Vu :

Le Président de la thèse,
RENAULT.

Vu :

Le Doyen,
GLASSON.

Vu et permis d'imprimer :

Le Vice-Recteur de l'Académie de Paris.
GRÉARD.

TABLE ANALYTIQUE DES MATIÈRES